¿Por Qué Creer en Jesús?

Una vida que vale la pena investigar

Guillermo Maldonado

WHITAKER
HOUSE

Our Mission
Called to bring the supernatural power of God to this generation

A menos que se indique lo contrario, las citas biblicas son tomadas de la versión *Santa Biblia, Reina-Valera 1960*, © 1960 Sociedades Bíblicas en América Latina; © renovada 1988 Sociedades Bíblicas Unidas. Usadas con permiso. Las citas bíblicas marcadas (nvi) son tomadas de la *Santa Biblia, Nueva Versión Internacional*, nvi', © 1999 por la Sociedad Bíblica Internacional. Usadas con permiso. Todos los derechos reservados. Las cita bíblica marcada (amp) ha sido traducida de la versión inglés de la *Amplified Bible*, © 1954, 1958, 1962, 1964, 1965, 1987 por The Lockman Foundation. Usada con permiso. (www.Lockman.org).

El énfasis en cursiva en las citas bíblicas es del autor.

Algunas definiciones de palabras hebreas y griegas son traducidas de las versiones electrónicas inglés de *Strong's Exhaustive Concordance of the Bible* [Concordancia exhaustiva Strong de la Biblia], strong, (© 1980, 1986, y asignado a World Bible Publishers, Inc. Todos los derechos reservados.) y la *New American Standard Exhaustive Concordance of the Bible* [Nueva concordancia exhaustiva de la Biblia norma de las Américas], nasc, (© 1981 por The Lockman Foundation. Todos los derechos reservados.), o la versión inglés de *Vine's Complete Expository Dictionary of Old and New Testament Words* (Diccionario expositivo de palabras del Antiguo y Nuevo Testamento de Vine), vine, (© 1985 por Thomas Nelson, Inc., Publishers. Todos los derechos reservados.).

Directora del Proyecto: Addilena Torres
Editora General: Jacqueline Delgado
Editor: José M. Anhuaman
Diseño de Portada: Danielle Cruz-Nieri
Diseño Interior: José M. Anhuaman

¿Por Qué Creer en Jesús?
(Publicado también en inglés bajo el título: *Why Believe in Jesus?*)

Guillermo Maldonado
13651 S.W. 143rd Ct., #101
Miami, FL 33186
http://elreyjesus.org/
www.ERJPub.org

ISBN: 978-1-62911-312-8 • eBook ISBN: 978-1-62.911-313-5
Impreso en los Estados Unidos de América
© 2015 por Guillermo Maldonado

Whitaker House
1030 Hunt Valley Circle
New Kensington, PA 15068
www.whitakerhouse.com

Por favor, envíe sugerencias sobre este libro a: comentarios@whitakerhouse.com.

3 4 5 6 7 8 9 10   ⨆⨆   21 20 19 18 17 16 15

Dedicatoria

Dedico este libro a todas aquellas personas que en el mundo entero anhelan tener una relación personal con el Jesús vivo, que entregó Su vida por nosotros, y que fue resucitado por Dios el Padre. Lo dedico al pueblo elegido de Dios, que con urgencia necesita una respuesta precisa a la pregunta: ¿Por qué creer en Jesús? Lo dedico también a la novia —la Iglesia— que se prepara para las bodas del Cordero...

Dedico este libro a Jesús, el único Camino, la Verdad y la Vida. Al que está sentado en el trono y al Cordero. Al único y sabio Dios, nuestro Salvador. Al único digno de alabanza, adoración, honra, gloria, poder y majestad.

Este libro es para exaltarte a Ti, Jesús. ¡Hijo del Dios Altísimo!

Índice

Introducción

Su vida ha sido señalada como un hito en la historia de la humanidad, y la ha dividido en dos períodos: antes de Cristo (A.C.) y después de Cristo (D.C.). En muchas partes del mundo, Su nacimiento es celebrado durante la temporada de Navidad y Su muerte y resurrección son conmemoradas el Viernes Santo y el Domingo de Resurrección. Sobre Él se han escrito más libros que sobre cualquier otra persona que ha vivido. Sus palabras y obras son reverenciadas por miles de millones de personas. A través de los siglos, muchos han entregado sus vidas antes de negar su lealtad hacia Él. Y desde la antigüedad hasta el presente, muchos han considerado que Su vida es un misterio digno de ser investigado.

Sin embargo, hoy en día, la persona de Jesucristo produce respuestas mixtas de la gente. Muchos lo admiran y creen en Él como el Hijo de Dios. Algunos lo ven como un personaje amoroso e histórico. Ciertas personas lo ven como un ilustre profeta, un hombre sabio o un guía espiritual. Otros casi ni piensan en Él, y sólo lo reconocen como un personaje que han visto en una película, o usan Su nombre como una mala palabra. Algunas personas se muestran escépticas acerca de Su existencia y Sus afirmaciones. Otros parecen odiarlo, aun hasta el punto de perseguir a quienes siguen Sus enseñanzas.

¿Qué pasa con la vida de Jesús, Sus enunciados y enseñanzas, que atraen la atención de muchas personas, y ganan la lealtad de unos y despiertan gran oposición en otros? No es difícil aceptar que Jesús fue una figura histórica que caminó en la tierra hace más de dos mil años. Pero, ¿quién era? ¿De dónde vino? ¿Qué enseñó? Si en realidad era el Salvador, ¿de qué forma nos afecta esa realidad hoy en día, tantos siglos después? ¿Qué significa esto hoy para nosotros, y cómo debemos responder? En las siguientes páginas, exploraremos estas preguntas al buscar la respuesta a la pregunta central: *¿Por qué creer en Jesús?*

1

Una invitación

Jesucristo tenía treinta años cuando comenzó a viajar y a enseñar en los diferentes pueblos de su región. Su mensaje se caracterizaba por las continuas invitaciones que hacía. Él decía cosas como: "Sígueme",[1] "Si alguno tiene sed, venga a mí y beba", "El que cree en mí, como dice la Escritura, de su interior correrán ríos de agua viva",[2] y "Venid a mí todos los que estáis trabajados y cargados, y yo os haré descansar. Llevad mi yugo sobre vosotros, y aprended de mí, que soy manso y humilde de corazón; y hallaréis descanso para vuestras almas".[3]

Las personas con quien hablaba vivían en tiempos sociales y políticos turbulentos. Muchos de ellos buscaban propósito, paz y poder para sus vidas. Deseaban soluciones genuinas a sus dificultades diarias mientras lidiaban con sus relaciones personales, salud, finanzas y demás.

Buscando lo que es real y duradero

Asimismo, muchas personas de nuestro mundo contemporáneo buscan algo real para sus vidas, quizás más que en cualquier otra etapa de la historia. Nuestro mundo está lleno de inseguridades. En todo el planeta, enfrentamos crisis financieras, agitación política, desastres naturales, guerras, terrorismo, crimen, hambre y enfermedades y muchas otras dificultades. Sin embargo, ningún

---

[1] Véase, por ejemplo, Marcos 1:17;2:14
[2] Juan 7:37.
[3] Mateo 11:28–29 (NVI).

sistema político, religioso o económico parece poder ofrecer una solución aceptable y duradera.

Nuestro mundo ha visto maravillosos avances en tecnología, medicina y otras áreas que mejoran nuestras vidas de diferentes formas. Pero muchos se preguntan cuánto tiempo vivirán para disfrutarlos. Continuamente vemos titulares anunciando el último desastre natural o una catástrofe social. Considere la cantidad de películas que se han producido en los últimos años anunciando el fin del mundo por medio de guerras, enfermedades, un ambiente envenenado u otros desastres. También se han hecho varias películas que muestran gente tratando de sobrevivir solos y bajo condiciones extremas, ya sea en el mundo natural o en el espacio. Nuestra sociedad parece preguntarse: ¿Sobrevivirá nuestro mundo? ¿Será que quedaremos solos y sin esperanza?

¿Podemos tener paz y propósito en un mundo que
parece estar desmoronándose?

¿Qué pasa con Dios?

Nos preguntamos si es posible tener paz, propósito y poder en un mundo que parece estar desmoronándose con cada día que pasa. Las circunstancias en nuestro mundo llevan a la gente a batallar con preguntas básicas acerca de su propia existencia, tales como: ¿Por qué estoy aquí? y ¿Cuál es el significado de la vida? También los lleva a preguntarse sobre la existencia de un Ser Superior al que puedan recurrir en busca de ayuda. Sin embargo, a muchas personas, especialmente en las sociedades occidentales, se les dificulta creer en la realidad de algo "espiritual" o "sobrenatural". Han sido entrenados para cuestionar la veracidad de cualquier cosa que sobrepase el método científico; más allá de lo que se puede ver y oír por los sentidos naturales, o ser explicado por medio del intelecto.

Muchas personas también están cansadas de oír hablar de religión, porque ésta no les brinda respuestas a sus preguntas ni poder para superar sus dificultades. Ellos quieren algo relevante, algo auténtico a lo que puedan aferrarse. Pero las religiones en las cuales han crecido, o las que han visto en la sociedad, parecen estar desconectadas de sus deseos, esperanzas, necesidades, heridas y problemas diarios.

La gente batalla con preguntas como, ¿Por qué estoy aquí? y ¿Cuál es el significado de la vida?

Si Dios existe, ¿cómo es? Algunas personas piensan que es un viejito de barba blanca, sentado en un trono en el cielo y siempre listo para castigar a las personas por sus errores. Otros lo ven como una fuerza que impregna el universo, o lo representan por medio de varias imágenes que tienen parecido a personas o animales. Sin embargo, a pesar de su concepto de Dios, a menudo lo ven como si fuera un ser distante, que no entiende lo que significa ser un humano tratando de vivir en la tierra.

No obstante, lo que Jesucristo enseñó acerca de Dios fue enteramente diferente a estas representaciones. Él hizo declaraciones notables acerca de la vital conexión de Dios con los seres humanos; como nuestro Creador y Padre, acerca de Su presencia entre nosotros, y acerca de Su preocupación por nuestras heridas y sufrimientos. Más allá de ser distante, Él hizo algo extraordinario para lograr vivir entre nosotros en la tierra: Se hizo Hombre en la persona de Jesucristo —el Hijo de Dios—, mostrándonos, de primera mano, lo que en realidad es, lo que desea para nosotros, y cómo podemos obtener vida abundante. Jesús dijo que si lo veíamos a Él, entonces habíamos visto al Padre.[4] Esa fue Su misión en la tierra:

---

[4] Vea Juan 14:9.

El Espíritu de Jehová el Señor está sobre mí, porque me
ungió Jehová; me ha enviado a predicar buenas nuevas a
los abatidos, a vendar a los quebrantados de corazón, a
publicar libertad a los cautivos, y a los presos apertura
de la cárcel.[5]

Jesús se refirió a Sí mismo como la "luz del mundo",[6] el "pan de
vida",[7] y el "buen pastor que da su vida por sus ovejas".[8] Mientras
demostraba la naturaleza y el poder de Dios, nos dio respuestas a
preguntas como las siguientes:

* ¿Qué es la verdad?
* ¿Cuál es el significado de la vida?
* ¿Qué es el amor?
* ¿Cuál es mi propósito?

Jesucristo es la fuente de salvación, esperanza y vida para la humanidad. "Seguirlo" no es igual que seguir alguna religión o filosofía.
Por medio de Él entramos al "reino de Dios" —la plenitud de vida
como debería ser vivida—. Jesús nos hace la misma invitación hoy
en día: Quiere que nos acerquemos a Él, que lo sigamos, que experimentemos descanso de nuestras cargas, que descubramos nuestro propósito y encontremos la verdadera paz.

Respondiendo a la invitación de Jesús

En este libro, veremos la vida y las enseñanzas de Jesucristo y
conoceremos gente contemporánea de diferentes trasfondos. Ellos
contarán su historia; nos dirán cómo, y por qué, hoy creen en Él.
Las siguientes historias son dos de ellas:

Douglas Camarillo tiene una maestría en mercadeo, publicidad y
relaciones públicas. Es un locutor de radio, periodista y pastor. Él
respondió a la invitación de Jesús cuando su relación con su esposa

---

[5] Lucas 4:18.
[6] Juan 8:12; 9:5.
[7] Juan 6:35, 48; también vea versículos 33, 51.
[8] Juan 10:11.

se deterioró, y Jesús salvó su matrimonio y le dio paz. "Vengo de un hogar disfuncional, donde mis padres se divorciaron cuando sólo tenía doce años. (Mi futura madrastra era nuestra muchacha de servicio). Con el apoyo de mi padre, continué mis estudios y me gradué con excelentes notas. Desde muy joven, fui promocionado a posiciones mayores y a los veinticinco años me hice miembro de un grupo de ejecutivos de una importante cadena de estaciones de radio y de televisión en mi país natal, Venezuela. Mi vida se movía rápidamente, ganaba buen dinero y vivía sin límites. Era un mundo brillante: fiestas continuas, reuniones de trabajo, y eventos sociales con alcohol y mujeres a mi disposición. En verdad, era un estilo de vida acelerado y sin límites.

"A los treinta y un años, conocí a mi esposa, Nena. Ella trabajaba para una estación rival de televisión. Nos casamos y nos mudamos a Miami, Florida, donde quise continuar trabajando en comunicaciones y seguir viviendo una vida similar. Trabajaba en varios lugares mientras mi matrimonio se desbarataba. Mi esposa y yo peleábamos para ver quién de los dos mandaba en el hogar o cual de los dos podía pisotear al otro y ser superior. El orgullo estaba destruyendo nuestra relación y consideré dejar a mi esposa. Sin embargo, con nuestro matrimonio en ruinas, visitamos la iglesia El Rey Jesús, donde Jesús vino y radicalmente cambió nuestras vidas para bien. Restauró nuestro matrimonio, aplastó nuestro orgullo y terminó con la ira, las peleas, y las discusiones en nuestro hogar. Puso todo en orden y aprendimos cuál era nuestra posición en el matrimonio. Recibimos consejería y sanidad interior. La reorganización que Dios ejecutó en nuestras vidas nos trajo paz. Llevamos diecinueve años de casados y estamos más enamorados y felices que el día que nos casamos. Por supuesto, experimentamos los ajustes y cambios normales que hacen parte de la vida matrimonial, pero con bendición y tranquilidad".

Renee Khobragade es una maestra joven, con una maestría en literatura y liderazgo educacional. Ella respondió a la invitación que Jesús le hizo de ir a Él a encontrar paz cuando su vida estaba llena de confusión. Esta es su historia. "Nací en América Latina donde fui criada en un hogar estricto y disfuncional. Mi tío abusó de mí cuando sólo tenía cuatro años. Después, otros hicieron lo mismo por varios años más. Esto hizo que experimentara frustración, temor y rabia porque sabía que nunca podría contarles a mis padres lo acontecido. Además, llegué a odiar a mi madre porque me hacía sentir indigna y condenada por Dios. En nuestro hogar, el abuso verbal y físico era normal, y mis padres peleaban constantemente. Cuando yo tenía veinte años mi padre murió; ese evento me llevó al desborde emocional. Comencé a visitar clubes, a pelear, y a pasar de relación en relación tratando de llenar el vacío que había en mí. Un día, mientras peleaba con mi madre, la amenacé de muerte y ella puso una orden de restricción en mi contra. Tuve que irme de la casa; fue entonces que mi familia tocó fondo.

"Una serie de eventos sucedieron ese año hasta que un día, cuando iba en camino hacia el aeropuerto, un amigo ofreció guiarme en la oración de salvación y aceptar a Jesús en mi corazón. No sé por qué, pero las lágrimas comenzaron a brotar descontroladamente. Al repetir la oración, pude sentir la paz de Dios inundarme, y entendí que finalmente había encontrado lo que desesperadamente había buscado por años. Jesucristo me salvó. Me sacó del pozo gracias a Su obra en la cruz. Me sanó, liberó, transformó, restauró mi vida y mis relaciones que había destruido con mi enojo y amargura. Honestamente puedo decir que soy una criatura nueva en Cristo y que Él me ha dado identidad. Hoy puedo experimentar Su amor, gozo, paz y prosperidad".

¿Por qué creer en Jesús? Jesús lo invita a venir a Él y a recibir la vida abundante que Él desea para usted, tal como lo hizo con estas dos personas.

2

¿Qué es la verdad?

La gente ha estado en búsqueda de la verdad todo el tiempo que la raza humana ha existido. Algunos hombres y mujeres han invertido su vida entera en esta búsqueda. La ciencia de la lógica, las numerosas religiones del mundo, las muchas teorías filosóficas de la vida, y las ramas de las ciencias naturales y sociales, como la biología, la física, la química, la psicología, la sociología, y la antropología cultural, todas reflejan la búsqueda humana de la verdad y su significado.

La búsqueda de la verdad

Ninguna persona racional desea vivir con falsedad, engaño o mentiras. Todos desean conocer la verdad y las verdades más importantes que podemos descubrir se relacionan a nuestro origen y propósito como seres humanos; contestando preguntas como "¿Quiénes somos? y "¿Por qué existimos?" Sin embargo, con tantas ideas que hoy circulan por el mundo, intentando definir la "verdad" ¿por dónde comenzamos la búsqueda? Si la verdad existe, ¿cómo la encontramos? Estas preguntas son más difíciles de contestar hoy que en cualquier otra época de la historia, porque vivimos en una era que nos anima a tener un punto de vista relativo de la vida. Por ejemplo, muchas personas consideran que es legítimo decir, "Sí, eso es verdad", de forma limitada y en una situación específica. Ellos no creen que exista una verdad universal. Muchos de nuestros colegios y universidades enseñan que no existe una verdad absoluta, que todas las verdades son relativas y condicionales. La idea que se promociona es que la verdad para la gente en los Estados Unidos quizás no sea la misma verdad para la gente en China o Argentina o Lituania o Etiopía u otro país. Además, dicen que lo que hoy se considera verdad quizás no lo sea mañana, y toda suposición científica o teoría siempre está sujeta a revisión en base a nueva información.

Debido a esa mentalidad persuasiva, la mayoría de personas busca verdades temporales, o algo que sea verdad para ellos en un momento determinado. Además, las preocupaciones de la vida, nos distraen a la mayoría de buscar una respuesta a la pregunta trascendente de si existe una verdad absoluta y universal. En lugar de eso, buscamos teorías y consejos que sólo nos ayudan a sobrevivir un día más. Aunque este tipo de información no responde a nuestros más profundos anhelos o preguntas acerca de la vida, a menudo sentimos que es lo mejor que podemos obtener.

Entre los que sí están en una búsqueda activa de la verdad, muchos exploran los ámbitos de la teoría abstracta, la investigación científica, la teología, la religión, la sicología y la filosofía. Sin embargo, su búsqueda a menudo se convierte en un ciclo sin fin. Así surgen nuevas preguntas que añaden más incertidumbre a su conocimiento. Esto resulta en insatisfacción y en pensar que quizás nunca obtendrán la máxima verdad.

Sin embargo, si pudiéramos descubrir la verdad, ésta brindaría las respuestas a nuestras preguntas más profundas, y a todas nuestras necesidades diarias. Conocer la máxima verdad es entrar al nivel más alto de realidad y aprender lo que esa verdad significa para nosotros.

La verdad es el nivel más alto de realidad.

Jesús dijo que Él es la verdad

En cierta oportunidad, Jesús tuvo una fascinante plática con un hombre llamado Pilatos quien, en ese momento, era el gobernador romano de Judea. Su plática trasciende la historia porque lidia con lo que es la verdad más alta. La conversación se hace aún más potente cuando entendemos que ésta tuvo lugar cuando Jesús estaba en juicio por su vida, después de haber sido acusado de sedición en contra de Roma. La siguiente es sólo una porción de ese intercambio:

> Jesús contestó: "Mi reino no es de este mundo. Si mi reino fuera de este mundo, mis siervos pelearían para evitar que yo fuese entregado a los judíos, pero mi reino no es de este mundo". Pilatos entonces le contestó: "¿Acaso eres un rey?" Jesús le respondió: "Lo que dice es correcto. Soy un rey. Nací para esto y por esta causa he venido a este mundo para testificar de la verdad. Todos los que son de la verdad oyen mi voz". Pilatos le dijo: "*¿Qué es la verdad?*"[9]

Jesús no respondió la última pregunta de Pilatos, aunque Él en una ocasión previa les había dicho a quienes le seguían: "Yo soy el *camino, la verdad y la vida*. Nadie viene al Padre sino por Mí".[10] Con esa declaración Jesús nos estaba indicando que, si estamos confundidos y perdidos y no sabemos qué camino tomar, 'Yo soy el camino'. Si buscamos alguien en quien confiar, algo en qué creer o sabiduría para saber qué debemos hacer, 'Yo soy... la verdad'. Si buscamos conocer por qué existimos y cómo debemos vivir, 'Yo soy la vida'.

No está claro si Pilatos hizo la pregunta "*¿Qué es la verdad?*" en latín, su lengua nativa. Si así fuese, hubiera dicho: "*¿Quid est veritas?*" Lo interesante es que las catorce letras que componen esta frase son un anagrama —pueden ser cambiadas de lugar para formar otra

---

[9] Juan 18:36–38.
[10] Juan 14:6.

frase—. En latín "Est vir qui adest", significa "Es el hombre que aquí está".[11] El punto aquí es que la verdad podía hallarse en el Hombre que estaba de pie justo delante de Pilatos —en la persona de Jesucristo—. La verdad de Jesús no es abstracta, relativa o ideológica. Es definitiva, consistente y universalmente aplicable. Tal afirmación resulta extraña para la razón y la experiencia previa de muchas personas. ¿Cómo puede una persona definir qué es verdad, o mucho menos encarnarla?

La verdad no es abstracta ni ideológica; se encuentra en la persona de Jesucristo.

Jesús habló la verdad

El tema de la verdad es central en las enseñanzas de Jesús. De hecho, en el récord escrito de Su vida y todas Sus afirmaciones, Él comenzó muchas de sus declaraciones con la frase "Porque de cierto os digo…"; o como dice otra versión bíblica, "Les aseguro…."[12] Él quería eliminar toda duda de las mentes de quienes lo escuchaban de que lo que decía era incuestionablemente real. Juan, el discípulo de Jesús, lo describe como "lleno de gracia y de verdad".[13] En Él se puede confiar completamente. Estos son algunos ejemplos de las expresiones de Jesús:

> Respondió Jesús y le dijo: De cierto, de cierto te digo, que el que no naciere de nuevo, no puede ver el reino de Dios.[14]

---

[11] *The Columbia Electronic Encyclopedia*, 6th ed. (Columbia University Press, 2012). Todos los derechos reservados.
[12] NVI.
[13] Juan 1:14.
[14] Juan 3:3.

De cierto, de cierto os digo: El que cree en mí, tiene vida eterna.[15]

De cierto os digo, que el que no recibe el reino de Dios como un niño, no entrará en él.[16]

En otras declaraciones, Jesús expresa que la Palabra de Dios es la verdad.[17] Él asoció la verdad con estar en la luz,[18] donde no existe el engaño ni lo ambiguo. Más bien, todo se ve, se hace y se dice claramente. Él declaró que conocer la verdad es el camino a la libertad personal[19] y cuestionó a quienes se le oponían porque no creyeron en la verdad.[20]

¿Cómo Jesús es la verdad?

Aunque Jesús siempre *habló* la verdad, ¿sobre qué base podría Él afirmar, "Yo soy... la verdad"? Aquí les presento dos razones principales:

1. En Él hay vida

Las Escrituras se refieren a Jesús como "el Verbo" que se hizo carne y vivió entre nosotros:

En el principio era el Verbo, y el Verbo era con Dios, y el Verbo era Dios. Este era en el principio con Dios. Todas las cosas por él fueron hechas, y sin él nada de lo que ha sido hecho, fue hecho. *En él estaba la vida*, y la vida era la luz de los hombres... Y aquel Verbo fue hecho carne, y habitó entre nosotros.[21]

---

[15] Juan 6:47.
[16] Lucas 18:17.
[17] Juan 17:17.
[18] Juan 3:21.
[19] Juan 8:32.
[20] Vea Juan 8:40–46.
[21] Juan 1:1–4, 14.

Jesús no sólo fue profeta, un gran maestro, o un hombre excepcional. Era Dios hecho carne —completamente Dios y completamente hombre—. Él era divino al igual que humano. Nunca ha existido, ni tampoco existirá, otro como Él en la historia del mundo. Él vino por un propósito específico y crucial:

> Porque de tal manera amó Dios al mundo, que ha dado a Su Hijo unigénito, para que todo aquel que en él cree, nose pierda, mas tenga vida eterna. Porque no envió Dios a Su Hijo al mundo para condenar al mundo, sino para que el mundo sea salvo por Él.[22]

Dios se manifiesta en tres personas —Dios Padre, Dios Hijo y Dios Espíritu Santo—. Este hecho se refleja en la siguiente declaración en la Escritura: "La gracia del Señor Jesucristo, el amor de Dios, y la comunión del Espíritu Santo sean con todos vosotros. Amén."[23] Padre, Hijo (Jesús o el "Verbo") y Espíritu Santo componen la deidad trina o la Trinidad. Ellos son tres Personas con la misma esencia. Como Dios, Jesús es la Máxima Realidad o la Verdad.

Jesús nació en esta tierra como ser humano para revelar la verdad de quien es Dios y de quiénes somos en Él; para morir en la cruz, recibir el castigo por nuestra rebelión (el pecado) contra de Dios; para reconciliarnos nuevamente con Él mismo y para darnos vida eterna y abundante. "Nosotros sabemos que el Hijo de Dios ha venido, y nos ha dado entendimiento para conocer al que es verdadero; y nosotros estamos en aquel que es verdadero, en su Hijo Jesucristo. Este es el verdadero Dios, y la vida eterna."[24]

---

[22] Juan 3:16–17.
[23] 2 Corintios 13:14.
[24] 1 Juan 5:20.

Jesús vino a revelar la verdad de quién es Dios y quiénes somos en Él.

¿Qué significa el nombre "Jesús"? Leemos en las Escrituras, "Y dará a luz un hijo, y llamarás su nombre JESÚS, porque Él salvará a su pueblo de sus pecados".[25] El vocablo hebreo para Jesús es *Yeshua*, que significa "Jehová [Dios] es salvación." Jesús vino a nosotros como el Salvador del mundo. Por lo tanto, el nombre por el cual es más conocido expresa la verdadera esencia de Su naturaleza y define el propósito de Su vida en la tierra.

2. Jesús es el camino a la máxima verdad

La segunda razón por la cual Jesús pudo decir "Yo soy...la verdad" es que sólo podemos ser reconciliados con Dios por medio de Él. Jesús es el único camino que nos lleva a conocer y a recibir la máxima verdad. El vino a demostrarnos las palabras y las obras de Dios para que las recibiéramos y regresáramos a Él. Jesús dijo, "¿No crees que Yo soy en el Padre, y el Padre en Mí? Las palabras que yo os hablo, no las hablo por mi propia cuenta, sino que el Padre que mora en Mí, Él hace las obras".[26] La misión de Jesús fue traer las palabras de Dios, o la verdad, a la humanidad. Sus enseñanzas y acciones revelaron esta verdad para que pudiésemos ser libres. "Así que, si el Hijo os libertare, seréis verdaderamente libres."[27]

Reconociendo y recibiendo la verdad

Las declaraciones que afirman que Jesús es la Verdad y que Él era Dios hecho carne son demasiado profundas para ser aceptadas por algunas personas hoy en día. Como consecuencia, puede ser que rechacen, critiquen o denuncien a sus seguidores. Lo mismo podemos decir de los líderes religiosos que vivían en

---

[25] Mateo 1:21.
[26] Juan 14:10.
[27] Juan 8:36.

los tiempos de Jesús. Ellos deseaban matar a Jesús por sus enseñanzas y acciones —incluyendo sanar a las personas, entre otros milagros—. Jesús les dijo: "procuráis matarme, porque mi palabra no halla cabida en vosotros".[28]

Aunque lo buscaban para matarlo, nunca pudieron encontrar una razón legítima para acusarlo. Él siempre fue constante en quién era, en lo que decía y en lo que hacía. Siempre habló con la verdad y continuamente demostró compasión por los enfermos y los necesitados. La única manera en que los líderes religiosos pudieron condenarlo a muerte fue acusándolo de rebelión, lo cual era mentira.

Jesús nació con el propósito de testificar la verdad.

Regresemos al dialogo entre Jesús y Pilatos, cuando el gobernador le pregunta "¿Qué es verdad?" La verdad estaba frente a él, en la persona de Jesucristo. Por primera vez en su vida, el líder romano fue confrontado con la máxima verdad, pero no se dio cuenta de eso. Irónicamente, fue precisamente a Pilatos a quien le tocó determinar la culpabilidad o inocencia de Jesús.

Por qué Pilatos le preguntó a Jesús "¿Qué es verdad?" Aparentemente no fue porque pensó que la máxima verdad se podía descubrir. Quizá estaba siendo evasivo o escéptico. Al final, Pilatos no sostuvo la verdad sino que permitió que un hombre inocente muriera. Pilatos había declarado, "Yo no hallo en Él [Jesús] ningún delito".[29] Después de hablar con Jesús, el gobernador reconoció que Él no era culpable de rebelión contra Roma, y que estaba siendo falsamente acusado. Jesús había establecido, "Mi reino no es de este mundo". Sin embargo, el líder romano cedió a la demanda de la multitud, de crucificar a Jesús. "Viendo Pilatos que nada adelantaba, sino que se hacía más alboroto, tomó agua y se lavó las

---

[28] Juan 8:37.
[29] Juan 18:38.

manos delante del pueblo, diciendo: 'Inocente soy yo de la sangre de este justo; allá vosotros'".[30]

"Lavar nuestras manos" de la verdad no nos exonera de responsabilidad cuando estamos frente a la Verdad. Sólo existe una forma de responder: reconociendo y recibiendo a Jesús.

Cada una de las palabras y promesas de Jesús se cumplirán. Nuestro entendimiento humano es parcial y condicional. Retar o ir en contra de las enseñanzas de Jesús nos convierte en opositores de la Verdad y tarde o temprano sufriremos las consecuencias por rechazarlo. Pero si aceptamos a Jesús como la Verdad —si creemos en Él— vamos a recibir perdón, paz y entendimiento espiritual.

La única forma de encontrar la Verdad es recibiendo a Jesús.

¿Cuál es el proceso por el cual recibimos a Jesús como la Verdad? Esto no sucede sólo por medio de nuestra lógica o razonamiento humano, o por medio de nuestros sentidos naturales. Esto viene por medio de "revelación" —reconociendo y aceptando la verdad de quién es Jesús y de lo que ha dicho y hecho— y poniendo nuestra confianza y creencia en Él. Esto es lo que significa tener fe.

Ahora, brevemente, comparemos lo que es la razón y la fe. Cuando razonamos con nuestro intelecto, buscamos entender algo antes de creerlo, aceptarlo y actuar en base a ello. Este es un proceso válido para usar en relación a las realidades y propiedades de nuestro mundo físico. No es mi intención sugerir que debemos eliminar la razón; pero sí que debemos asignarle su lugar y uso apropiado.

En contraste, cuando ejercemos nuestra fe, recibimos verdad espiritual al creer primero lo que Dios ha dicho. Esto nos lleva a entender esa verdad espiritual con nuestras mentes, y a aplicarla en nuestras vidas. Por ejemplo, la Biblia dice: "Por la fe entendemos

---

[30] Mateo 27:24.

haber sido constituido el universo por la Palabra de Dios, de modo que lo que se ve fue hecho de lo que no se veía".[31] La razón no puede ser el primer recurso que usemos cuando lidiamos con cosas que transcienden el mundo natural, porque en el mundo de lo sobrenatural sólo la fe y el discernimiento espiritual nos permitirán recibir revelación que después puede ser aplicada en el mundo natural por medio de nuestro razonamiento.

Quiero dejar en claro que no estoy disminuyendo la importancia del intelecto o de la educación. Soy pro intelecto y pro educación. Tengo una maestría y un doctorado en teología, y animo a los jóvenes a ir a la universidad, pero creo que si sometemos nuestro razonamiento y lógica a Dios, Él las hará creativas y poderosas con entendimiento espiritual. La siguiente es la historia de John Laffitte, quien fue entrenado en ingeniería aeroespacial. Después de descubrir la verdad en Cristo Jesús, comprometió su intelecto y razón para la gloria de Dios. La verdad de Jesús desata un poder sobrenatural para salvar, restaurar, sanar, liberar y dar vida. Aunque algunos no aceptan las manifestaciones sobrenaturales de Dios cuando las ven, otros, como John, reconocen que hay más por conocer en esta vida de lo que se puede conocer por medio de los sentidos físicos.

"Desde mi niñez, tenía el fuerte deseo de ser astronauta. En mi búsqueda por alcanzar esta meta, fui a MIT (Massachusetts Institute of Technology) y después a la Universidad de Michigan en Ann Arbor, donde recibí un doctorado en ingeniería aeroespacial. Cuando era estudiante en la universidad, mi madre conoció a Jesús y cada vez que la visitaba durante las vacaciones, ella me llevaba a la iglesia; así fue como obtuve un conocimiento intelectual de Dios, pero vivía como quería.

"En camino a mi graduación, lo único que puedo decir es que Jesús se me reveló como lo que es, el Cristo vivo. En 1992, comencé a experimentar gran hambre por Él. Mientras escuchaba a un predi-

---

[31] Hebreos 11:3.

cador cristiano en la televisión, me arrodille e hice a Jesús mi Señor y Salvador. En ese instante me convertí en una persona totalmente diferente. Oraba por horas, leía la Biblia sin cansarme y cuando me era posible iba a todos los eventos que ofrecía mi iglesia local. ¡Me sumergí en Sus cosas! Dios puso un llamado en mi vida; el de maestro para el cuerpo de Cristo, cómo dice Efesios 4:11.

"Mientras la NASA procesaba mi aplicación para ser astronauta, enseñaba como profesor asociado en la Universidad de Miami y trabajaba como ingeniero consultor. Más adelante obtuve mi doctorado y trabajé como investigador para FIU (Florida International University), donde hice investigaciones para la NASA, la FAA (Administración Federal de Aviación), DOE (Departamento de Energía), y otras agencias. Sin embargo, notaba que Dios me halaba más cada día hacia el ministerio. Mi don para enseñar Su Palabra fue reconocido por otros cuando enseñaba. Finalmente tuve que escoger entre mi deseo de ser astronauta y mi llamado de servir a Dios como un maestro de la Biblia. Batallé mucho con esta decisión hasta que decidí hacer la voluntad de Dios.

"Como resultado, hoy soy un ministro de Jesucristo en una de las iglesias hispanas más grandes en América, un maestro para el cuerpo de Cristo y vicepresidente ejecutivo de USM (Universidad Sobrenatural del Ministerio, una institución educacional afiliada al Ministerio Internacional El Rey Jesús). El propósito de USM es cambiar las vidas de miles de cristianos, activándolos en el poder sobrenatural de Dios. Me siento completo cuando veo que Dios me usa para sanar y liberar a la gente de forma sobrenatural, al igual que entrenar a las personas en un conocimiento comprensivo de Su Palabra: la Biblia. He visto como Él les da vista a los ciegos y abre los oídos de los sordos; como alarga piernas que están más cortas que las otras, como crea órganos nuevos y otras partes del cuerpo, y como levanta a las personas de sus sillas de ruedas.

"Hoy entiendo que no soy un ingeniero conocedor de la Palabra de Dios. Soy un ministro de Jesucristo con conocimientos de ingeniería".

Primero la fe percibe, luego se aplica la razón.

Reconectándonos a la verdad absoluta

Si Jesús se pudo revelar a la mente científica de un ingeniero que antes aceptaba sólo lo que sus cinco sentidos naturales podían percibir, Él puede hacer lo mismo en usted. Quizás ha sido entrenado para considerar el mundo sólo por medio de hechos empíricos, pero reconoce que algo le falta en su vida. Hay un vacío en su vida que no puede llenar; preguntas filosóficas que no ha podido responder o enfermedades que no ha podido superar. Incluso, más que otras personas que no tienen una inclinación científica, usted sabe que hay un límite para lo que su mente puede conocer e interpretar en la vida. Sin tomar en cuenta lo inteligente que usted es, o el nivel de educación que tiene, todavía es un ser humano con un espíritu que necesita estar conectado a su Fuente —la verdad absolua: Jesucristo—. Abra su corazón y permita que Él se le revele. En Él va a encontrar respuestas para la vida, que todo el conocimiento científico junto jamás le podrá dar.

Por ejemplo, en cierta oportunidad enseñaba acerca del poder de Jesús para transformar vidas y sanar cualquier enfermedad, y entonces ocurrió un milagro asombroso. Después de recibir una transfusión de sangre durante una cirugía, una mujer de cuarenta años fue diagnosticada con Hepatitis C —una enfermedad infecciosa que hace sufrir a las personas de una condición crónica que puede, eventualmente, progresar hasta convertirse en cirrosis hepática y cáncer—. El médico de la mujer es un líder en mi iglesia y la invitó a un servicio. Al escuchar la prédica, ella decidió aceptar a Jesús como su Salvador. Más adelante, comencé a demostrar la verdad que había enseñado, orando en contra de cualquier enfermedad presente en las personas que estaban en el servicio.

Hasta ese momento no conocía a esta mujer ni estaba al tanto del mal que sufría. Sin embargo, el poder de Jesús vino sobre ella; más tarde, ella nos dijo que sintió un "fuego" indescriptible pasar por su cuerpo. Al día siguiente, el doctor la examinó y le hizo nuevos exámenes para verificar su sanidad. Para sorpresa de la mujer, ¡todos los exámenes salieron negativos! Dios había hecho algo en sus células hepáticas, erradicando la infección viral por completo. La palabra que prediqué no fue simple teoría, porque Jesús tiene el poder para hacer milagros, y Él dijo, "Si puedes creer, al que cree todo le es posible".[32]

¿Cómo responderá?

Si ha buscado la verdad en todos lados, sin éxito, es posible que haya buscado en los lugares equivocados, o que haya tocado puertas equivocadas, o le haya preguntado a quien no tiene la respuesta correcta, o le haya pedido a alguien que no tiene nada que dar. Hoy le presento a Jesús como la Verdad y la respuesta a todas sus preguntas. Sólo Él puede satisfacer su sed —por el amor genuino, por justicia, por llenura y por cualquier otra cosa que pueda necesitar—. Cuando crea en Jesús y lo reciba, Él le dará la paz que no había podido obtener, el amor que no había encontrado y la esperanza que le había sido negada.

Jesucristo, la Verdad, está delante de usted ahora mismo. ¿Cómo le va a responder? ¿Acaso le va a dar la espalda? ¿Buscará otra verdad que parezca más fácil o más conveniente? ¿Acaso se 'lavará las manos' de la máxima realidad? ¿Se humillará delante de Dios, reconociendo que Jesús es Su Hijo y que murió por sus pecados y enfermedades? Sería muy triste creer en una mentira y después darse cuenta que es demasiado tarde. Tenga valor y enfrente la

---

[32] Vea, por ejemplo, Marcos 9:23.

verdad de Cristo, reconociendo que necesita de Su señorío y salvación.

El Espíritu Santo de Dios nos revela Su verdad y nos da una oportunidad para responder. Jesús dijo, "Yo para esto he nacido, y para esto he venido al mundo, para dar testimonio a la verdad. Todo aquel que es de la verdad, oye mi voz".[33] La Biblia nos dice que Dios nos ha dado a cada uno una medida de fe.[34] Por lo tanto, respóndale a Jesús diciéndole, "Por la fe que me ha sido dada, yo te recibo como el camino, la verdad y la vida, mi Salvador."

¿Por qué creer en Jesús? Porque Él es la Verdad.

Cuando estamos frente a la Verdad, nuestra respuesta va a determinar nuestro destino.

---

[33] Juan 18:37.
[34] Vea Romanos 12:3.

3

¿Religión o relación?

Una gran cantidad de personas en el mundo pertenecen a una religión en particular o suscriben ciertas creencias religiosas. Con frecuencia participan en actividades religiosas porque sinceramente desean hallar sentido, dirección y consuelo para sus vidas. Aunque algunos no creen en la existencia de un ser supremo, o no apoyan forma alguna de religión, la mayoría de gente con creencias religiosas entiende que sus vidas poseen un aspecto espiritual. Saben que hay mucho más por conocer, que aquello que puede ser captado a través de nuestros sentidos físicos.

La religión puede definirse como un sistema de creencias en relación con la realidad última y el sentido de la vida. A menudo incluye rituales, reglas y directrices acerca de cómo se debe vivir. En algunos países se practican muchas religiones, y cada religión tiene sus creencias específicas, patrones de comportamiento prescritos, liturgias y más. La religión tiene que ver con conceptos tales como: la existencia y la naturaleza de un ser superior (Dios o dioses), vida y muerte, el bien y el mal, el comportamiento moral e inmoral (pecado) y sus consecuencias, la vida después de la muerte, lo sobrenatural, las sagradas escrituras y la teología.

¿Puede una religión separarse de su fundador?

Por lo general, una religión es establecida en las creencias y obras de su fundador. Sin embargo, si posteriormente tuviéramos que remover de la religión a la persona que fundó ese sistema de creencias, ésta todavía podría existir y funcionar. Por ejemplo, una persona puede ser budista sin Buda o ser musulmana sin Mahoma. Estos dos fundadores religiosos murieron siglos atrás y no necesitan estar presentes para que la gente siga sus filosofías e ideas particulares.

Muchas personas consideran que Jesús es el fundador de una religión: el cristianismo. Un gran número de ellas, en mayor o menor medida, creen y siguen sus enseñanzas. Pueden pertenecer a una denominación o iglesia que corresponde a la categoría religiosa llamada "cristianismo". Sin embargo, el propósito de Jesús al venir a la tierra no fue establecer una religión o simplemente añadir sus enseñanzas a las creencias de otras religiones. Él vino a *ofrecerse* a sí mismo como nuestro Salvador. Como consecuencia, si quitamos a Jesús del cristianismo, el cristianismo dejaría de existir como una realidad. Sin Jesús vivo, lo que queda es sólo una "religión" llamada cristianismo, que es sólo una apariencia de la realidad.

El verdadero cristianismo no sólo consiste en simplemente estar de acuerdo o seguir las enseñanzas y el ejemplo de Jesús. Claro, seguir sus enseñanzas y ejemplo traen algún beneficio a la vida de las personas, pero no basta para transformarlas de adentro hacia afuera; no es suficiente para hacer frente a sus problemas fundamentales y necesidades; tampoco es suficiente para ser eternamente eficaces. Sólo una relación con Jesús puede satisfacer esas necesidades.

Sin Jesús vivo, el cristianismo es sólo una apariencia de realidad.

No es lo mismo creer en Jesús que unirse a una religión

Ninguna religión puede satisfacer las necesidades que tiene el ser humano de hallar sentido, dirección y consuelo, porque la religión sólo puede llegar hasta cierto punto. Exploremos algunas formas según las cuales, creer en Jesús es diferente a pertenecer o seguir una religión.

1. Los fundadores religiosos fueron seres humanos, pero Jesús fue Dios hecho carne

Por lo general, los fundadores de las diversas religiones fueron hombres y mujeres que creyeron haber recibido algún tipo de iluminación espiritual o intuición filosófica. Aunque algunos de sus seguidores reclaman que sus líderes eran divinos, la mayoría de esos fundadores no reclamaron eso para sí mismos. Sin embargo, Jesús claramente afirmo que Él era Dios. Aunque nunca buscó la adoración de la gente, la aceptó porque le pertenecía.

Entonces los que estaban en la barca vinieron y le adoraron, diciendo: Verdaderamente eres Hijo de Dios.[35]

Cuando llegaban ya cerca de la bajada del monte de los Olivos, toda la multitud de los discípulos, gozándose, comenzó a alabar a Dios a grandes voces por todas las maravillas que habían visto, diciendo: ¡Bendito el rey que viene en el nombre del Señor; paz en el cielo, y gloria en las alturas! Entonces algunos de los fariseos de entre la multitud le dijeron: Maestro, reprende a tus discípulos. Él, respondiendo, les dijo: Os digo que si éstos callaran, las piedras clamarían.[36]

Jesús no sólo era un profeta, un gran maestro o un hombre excepcional; Él es Dios hecho carne. Por tanto, una diferencia central entre Jesús y cualquier otro fundador de alguna religión es que los fundadores sólo eran seres humanos, pero Jesús era —y es— divino.

---

[35] Mateo 14:33.
[36] Lucas 19:37–40.

2. Los fundadores religiosos están muertos y enterrados, pero Jesús fue levantado de entre los muertos.

Los fundadores de las religiones que la gente sigue están muertos o algún día morirán. Sin embargo, la creencia genuina en Jesucristo se basa no sólo en Jesús como un maestro que vivió hace más de dos mil años, sino en la persona *viva* de Jesús. Esto depende del hecho de que después que Jesús fue condenado a muerte en una cruz romana, fue resucitado de entre los muertos y hoy todavía está vivo. Los que han recibido a Jesús reconocen que después de haber pagado el precio para liberar a la humanidad de toda opresión espiritual, física, mental y emocional, Él conquistó la muerte y fue resucitado antes de regresar al cielo con Dios el Padre. Jesús tiene la capacidad de darnos vida eterna, porque Él *es* vida, y porque derrotó la muerte para siempre. Y aquel que lo recibe también algún día será físicamente resucitado para vivir juntamente con Él por la eternidad. En las Escrituras leemos lo siguiente:

> Mas ahora Cristo ha resucitado de los muertos; primicias de los que durmieron es hecho. Porque por cuanto la muerte entró por un hombre, también por un hombre la resurrección de los muertos. Porque así como en Adán todos mueren, también en Cristo todos serán vivificados.[37]

Ningún otro sistema de creencias o de religión requiere que sus seguidores crean en la resurrección de su fundador. Además, ninguna otra fue fundada en el hecho de que su líder entregó su vida por sus seguidores, aun antes de ellos conocerlo, o de decidir creer en Él y aceptar su amor y sacrificio.

Cuando una persona recibe al Cristo resucitado, entra en una relación personal con Él y comienza a entender y a seguir las enseñanzas de Jesús de manera que antes no le eran posibles, porque

---

[37] 1 Corintios 15:20–22.

han experimentado una transformación interna que incluye una nueva naturaleza y el regalo del Espíritu de Dios viviendo en ella. Cuando el creyente sigue las enseñanzas de Jesús y obedece Sus mandamientos, esto es el reflejo de su devoción hacia Él, no el resultado de un simple deber religioso.[38]

Como hemos señalado, algunas personas que carecen de una relación vital con Jesús se esfuerzan por seguir Sus enseñanzas. Quizá se llamen a sí mismos "cristianos" y hasta pueden pertenecer a una iglesia o denominación "cristiana". Quizá desean amar a Dios y ayudar a otras personas. Sin embargo, el elemento esencial de su conexión con el Jesús vivo no forma parte de sus vidas. Ellos simplemente aceptan ciertas enseñanzas, ideas y tradiciones conectadas con Jesús o siguen un sistema de principios y leyes morales. Como consecuencia, se envuelven en una religión que, aunque contiene algunos buenos aspectos, no manifiesta la realidad ni el poder del verdadero cristianismo.

Muchas personas están en esta condición hoy en día. Su situación puede ser descrita en la siguiente declaración de un escritor bíblico: "tendrán apariencia de piedad, pero negarán la eficacia de ella".[39] Esto no necesariamente significa que ellos niegan el poder de Cristo activamente o con conocimiento —es posible que hasta estén consternados por esa idea—. Sin embargo, sí significa que ellos no tienen la vida, el poder y la presencia de Jesús en ellos. Sólo tienen la apariencia de una fe genuina, mientras viven conforme a rituales o principios externos.

Cuando alguien cree en el Jesús vivo, no sólo acepta
Sus enseñanzas sino que también entra en una relación
personal con Él.

---

[38] Vea, por ejemplo, Juan 14:15, 23–24.
[39] 2 Timoteo 3:5.

Desafortunadamente, si la persona viva de Jesús fuera removida de muchas personas que dicen creer en Él, esto no alteraría la forma como llevan su vida diaria. Esto es porque no están dependiendo activamente de Su presencia, ayuda o poder, y mucho menos de Su sacrificio en la cruz, el cual fue hecho para reconciliarlos con Dios. Para ellos, seguir a Cristo casi siempre significa ir a servicios religiosos y seguir ciertas costumbres. Quizá traten de observar algunas reglas y reglamentos, empeñándose en ser lo suficientemente buenos para Dios en sus propias fuerzas y por medio de buenas obras, sin entender que están sustituyendo la fe vital en Jesús por una religión.

Muchas personas que siguen una religión hacen buenas obras, y tales obras son dignas de elogio. Todos debemos ayudar a quienes son pobres, a los que están heridos y destituidos. Es más, Jesús nos dijo que si verdaderamente creemos en Él, ayudemos a otros, y que eso sería como si estuviéramos ayudándolo a Él mismo. Jesús expresó:

> Porque tuve hambre, y me disteis de comer; tuve sed, y me disteis de beber; fui forastero, y me recogisteis; estuve desnudo, y me cubristeis; enfermo, y me visitasteis; en la cárcel, y vinisteis a mí... De cierto os digo que en cuanto lo hicisteis a uno de estos mis hermanos más pequeños, a mí lo hicisteis.[40]

Sin embargo, no importa cuántas buenas obras hagamos; esas obras son insuficientes para reconciliarnos con Dios y permitirnos tener una relación verdadera con Él. Por ejemplo, nunca pueden borrar nuestros pecados ni lo malo que hacemos o decimos. Sólo un sacrificio libre de pecado puede hacer eso. Jesús tuvo una naturaleza sin pecado y Él nunca pecó; por eso pudo pagar el precio por nosotros en la cruz. Únicamente cuando aceptamos Su sacrificio por nosotros es que podemos ser reconciliados con Dios.

---

[40] Mateo 25:35–36, 40.

Además, hacer buenas obras no nos conduce a ganar la vida eterna. Dios nos da vida eterna cuando creemos y recibimos a Jesús, quién, como lo hemos visto, es "el camino, la verdad y la vida".[41] Tampoco las buenas obras nos dan la habilidad para resolver nuestras necesidades humanas más profundas ni nuestras situaciones imposibles —tales como problemas y enfermedades incurables—. Sólo Jesús resucitado puede vencer todo por medio de Su poder sobrenatural.

Joshua López tiene una maestría en coreografía y además es chef. Él se vio en una situación imposible y su vida es un testimonio de la compasión y poder del Cristo vivo:

"Crecí en el evangelio. Sin embargo, a los 12 años, dejé los caminos del Señor porque no podía entender por qué Dios no me sanaba de dislexia ni me protegió de ser abusado sexualmente. Entré en la prostitución, trabajé haciendo estriptis en bares, me metí en pactos satánicos y hasta frecuenté varias religiones. Después de intentarlo todo terminé no creyendo ni en el bien ni el mal. En 1982, sufrí una sobre dosis de drogas y vi mi espíritu separarse de mi cuerpo. Clamé a Dios diciéndole que si me liberaba le serviría por el resto de mi vida. En ese instante, sentí mi espíritu regresar al cuerpo, aunque quedé catatónico por varias horas y todos los que me rodeaban pensaban que estaba muerto. En mi estado inconsciente percibí que "fuego" de Dios había caído sobre mí, dándome la convicción de que era libre de la adicción al bazuco (crack) y la heroína.

"Busqué a Dios a mi manera, pero pronto regresé a la prostitución y me separé de todos los que creían en Él. Tiempo después, unos exámenes médicos revelaron que tenía SIDA y me dieron sólo seis meses de vida. Sufría de dolor de espalda, manchas negras en la piel y fatiga que dificultaba mi caminar. Busqué a Dios en oración sin ir a la iglesia y sin decirle a nadie lo que me sucedía.

Seis meses después, todavía estaba vivo y comencé a ir a la iglesia, donde me quedé por cuatro años y donde crecí espiritualmente;

---

[41] Juan 14:6.

hasta el día que el Señor me envió al Ministerio El Rey Jesús. Allí encontré mi identidad en Cristo y recibí liberación en las áreas de adicción, abuso sexual, rechazo, cautividad espiritual y más. Cuando había perdido toda esperanza de casarme, Dios me bendijo con una esposa y ya llevamos varios años de casados y tenemos dos hermosas hijas. Mi esposa es una mujer llena de fe que siempre creyó en mi sanidad, la cual fue progresiva, tal como mi fe. Le doy gracias a Dios por Su fidelidad y amor, por mi familia y por mis pastores que siempre creyeron en mi".

El poder de Jesús sigue salvando, sanando y liberando hoy a gente de todas las naciones de la tierra, porque Él fue levantado de entre los muertos y continúa ministrándonos. ¡Él vive!

Sólo Jesús resucitado puede vencer todo problema y enfermedad incurable por medio de Su poder sobrenatural.

---

3. **Los fundadores de las religiones ya no están presentes con sus seguidores en la tierra, pero Jesús si esta con seguidores.**

Una vez más, los fundadores de las diversas religiones están muertos o algún día morirán. Después de su muerte, ya no tendrán contacto con sus seguidores. Sin embargo, Jesús le prometió a todos quienes lo reciben, sin importar en qué siglo de la historia humana vivan: "He aquí yo estoy con vosotros todos los días, hasta el fin del mundo".[42]

---

[42] Mateo 28:20.

¿Cómo Jesús continúa estando con sus seguidores, incluso hoy? Él dijo que viviría dentro de ellos: "No os dejaré huérfanos; vendré a vosotros… El que me ama, mi palabra guardará; y mi Padre le amará, y vendremos a él, y haremos morada con él".[43] Jesús también prometió que el Espíritu de Dios viviría en todos los que creen en Él, para ser su consejero y ayuda idónea: "Y yo rogaré al Padre, y os dará otro Consolador, para que esté con vosotros para siempre: el Espíritu de verdad".[44]

El Padre, Hijo y Espíritu Santo —el Dios trino— reside en nosotros cuando creemos en Jesús y lo recibimos como nuestro Señor y Salvador. Esta realidad nos da acceso al ámbito espiritual en el cual Dios dice que todas nuestras necesidades son suplidas y donde todo es posible.[45] Jesús continúa sanando y haciendo milagros hoy en las vidas de aquellos que creen en Él; y Él siempre está con ellos.

4. **Los seguidores de una religión se "unen", más los seguidores de Jesús renacen espiritualmente.**

Otra diferencia entre los diversos sistemas religiosos y los que creen en Jesús es la forma cómo la gente se une a una religión y se relaciona con los otros miembros de ese grupo, si los comparamos con la forma cómo la gente recibe a Jesús y se hace una con Él y con sus hermanos en la fe. Mucha gente se hace miembro de una religión porque sigue una tradición de familia o de raza y/o una tradición cultural de la comunidad o país donde vive. Un individuo puede hacerse miembro de una religión de varias maneras. Por ejemplo, puede nacer de padres que ya están en ese sistema de creencias; puede pasar por algún ritual o simplemente declarar su intención de hacerse miembro de esa comunidad religiosa.

A veces la gente siente que no tiene otra opción que formar parte de una religión en particular. Es más, a veces hasta su familia o

---

[43] Juan 14:18, 23.
[44] Juan 14:16–17.
[45] Vea, por ejemplo, Filipenses 4:19; Marcos 9:23.

sociedad esperan que lo haga; así que sufren la presión de conformarse. En ciertas sociedades, si una persona no acepta la religión de su comunidad tendrá que enfrentar consecuencias severas tales como: rechazo, pérdida de libertad y aun perder la vida. Hasta cierto punto, esto explica la fuerza y el crecimiento de algunas religiones. Pero cuando un individuo verdaderamente acepta la invitación de Jesús para ir con Él, esa persona no recibe a Jesús por medio de su trasfondo familiar o de su comunidad, sus lazos culturales o raciales. Tampoco lo hace sólo por estar de acuerdo con las enseñanzas de Jesús y Sus principios. Y no lo puede hacer por medio de alguna coacción externa. Por el contrario, recibe a Jesús por un nuevo nacimiento espiritual, una experiencia que se le llama "nacer de Dios" o "nacer de nuevo". Las Escrituras dicen:

> Más a todos los que le recibieron [a Jesús], a los que creen en Su nombre, les dio potestad de ser hechos hijos de Dios; los cuales no son engendrados de sangre, ni de voluntad de carne, ni de voluntad de varón, sino de Dios.[46]

> [Jesús dijo], "De cierto, de cierto te digo, que el que no naciere de nuevo, no puede ver el reino de Dios".[47]

> Nacemos de nuevo cuando hacemos el compromiso personal de creer en Jesús y recibirlo como nuestro único Señor y Salvador de nuestras vidas. A diferencia de algunas religiones, la voluntad del individuo es esencial en este proceso; aunque el renacer espiritual sólo se puede llevar a cabo por Dios y no por el individuo.

---

[46] Juan 1:12–13 (nvi).
[47] Juan 3:3.

> *No recibimos a Jesús por medio de nuestro trasfondo familiar, lazos culturales ni por estar de acuerdo con Sus enseñanzas. Lo recibimos por medio de un renacer espiritual.*

Además, aunque una persona se una a una religión y comparta creencias comunes con otras personas de dicha religión, no existe nada que conecte a esa persona con otros en el grupo. Lo mismo podemos decir de cualquier grupo donde sus miembros están de acuerdo con ciertas ideas y creencias.

Por otro lado, cuando un individuo recibe a Jesús y nace de nuevo, se une espiritualmente con Jesús y con otros que también lo han recibido. Ese individuo se relaciona de forma profunda y eterna con los otros creyentes —no sólo de forma social, intelectual o emocional—. Por consiguiente, esa asociación espiritual no es externa ni opcional. Jesús le dijo a sus seguidores lo siguiente acerca de su relación con Él:

> Permaneced en mí, y yo en vosotros. Como el pámpano no puede llevar fruto por sí mismo, si no permanece en la vid, así tampoco vosotros, si no permanecéis en mí. Yo soy la vid, vosotros los pámpanos; el que permanece en mí, y yo en él, éste lleva mucho fruto; porque separados de mí nada podéis hacer.[48]

> En lo que concierne a las relaciones entre creyentes, las Escrituras dicen: "Así nosotros, siendo muchos, somos un cuerpo en Cristo, y todos miembros los unos de los otros".[49] Hablando de sus seguidores, Jesús oró a Dios Padre: "Para que sean uno, así como nosotros somos

---

[48] Juan 15:4–5.
[49] Romanos 12:5.

uno. Yo en ellos, y Tú en Mí, para que sean perfectos en unidad".[50] Todos los que creen en Jesús están unidos o son "uno" con Dios y con otros. Jesús se refirió a aquellos que creen en Él como Su "Iglesia".[51] Este término no apunta a una religión, iglesia o denominación específica, sino a la unidad espiritual de los seguidores de Jesús.

5. Los seguidores de una religión aceptan un sistema de creencias; los seguidores de Jesús entran a un reino.

Los que se unen a una religión en particular aceptan las enseñanzas y principios que constituyen su sistema de creencia. Sin embargo, cuando recibimos a Jesús, no sólo entramos en acuerdo con las enseñanzas y principios de Jesús. También entramos en un ámbito eterno de vida llamado "el reino de Dios". En el capítulo anterior, analizamos el intercambio que Jesús tuvo con Pilatos, durante el cual Jesús le dijo: "Mi reino no es de este mundo". Aquí se refería al reino de Dios.

Por medio de Jesús entramos al reino de Dios —la manifestación de Su gobierno celestial y Su soberanía en la tierra—. El vocablo griego para "reino" es *basileia*, que significa "realeza", "gobierno", "ámbito", "soberanía" o "poder real". Viene de la raíz *basileus*, que transmite la idea de "fundamento de poder".

Jesús dijo, "De cierto, de cierto te digo, que el que no naciere de nuevo, no puede ver el reino de Dios".[52] Cuando nacemos de nuevo, el reino de Dios es establecido en nosotros y podemos "verlo" con ojos espirituales. Jesús dijo, "El reino de Dios no vendrá con advertencia, ni dirán: Helo aquí, o helo allí; porque he aquí el reino de Dios está entre vosotros".[53] El reino de Dios no es un dominio político sino un ámbito del Espíritu. Primero debe vivir en noso-

---

[50] Juan 17:22–23.
[51] Vea Mateo 16:18.
[52] Juan 3:3.
[53] Lucas 17:20–21.

tros por medio de la presencia de Dios para que después se pueda manifestar externamente por medio de nuestras vidas y podamos comenzar a experimentar la llenura de vida que Él quiere que tengamos. Esta es la diferencia entre seguir principios religiosos y experimentar la vida verdadera.

El reino de Dios no es un dominio político sino un ámbito del Espíritu.

Juan Guzmán, un ex jugador de béisbol, creía en Dios y alcanzó éxito en su carrera, pero tenía un vacío en su vida. Sin embargo, cuando le entregó su vida a Dios y entró en la llenura de Su reino experimentó una transformación impresionante. Esta es su historia: "Nací en República Dominicana, en un humilde hogar construido de palmas y con piso de tierra. Allí crecí con mis padres y cuatro hermanos. Nuestra pobreza era tal que los cuatro hermanos dormíamos en una sola cama. A los 13 años, decidí dejarlo todo atrás para buscar un futuro en el béisbol. Después de mucho esfuerzo, fui firmado como jugador de béisbol profesional, en la posición de lanzador. Cuando me preparaba para viajar hacia los Estados Unidos, mi madre me regaló una Biblia exhortándome a que la leyera en tiempos difíciles. Leer la Biblia se convirtió en un hábito para mí.

"Un día, me sentí muy enojado porque había estado cuatro años en las ligas menores sin ser llamado para jugar en las Grandes Ligas debido a mi incapacidad para controlar mi lanzamiento. Sin embargo, mientras leía la Biblia, aprendí del pacto que Dios hizo con Abraham[54] y decidí hacer también un pacto con Dios. Le pedí al Señor que me permitiera jugar en las Grandes Ligas y, a cambio, le serviría el resto de mi vida.

---

[54] Vea, por ejemplo, Romanos 4:13–25.

"Al día siguiente, inexplicablemente algo cambió en mí. Antes sentía temor y preocupación, pero ahora estaba en paz. Cuando me dieron la oportunidad de jugar, lo hice tan bien que rápidamente fue promocionado a las Grandes Ligas. Terminé ganando diez juegos consecutivos, igualando el récord de los mejores lanzadores de mi equipo. Estuve entre los tres candidatos para el premio Cy Young. Fui el primer lanzador en la historia del béisbol en lanzar en un juego de la Serie Mundial, fuera de los Estados Unidos. Gané dos Series Mundiales consecutivas (1992 y 1993 con los Toronto Blue Jays [Azulejos de Toronto]). ¡Hice historia!

"Años después, Dios me recordó del pacto. Aunque estaba financieramente estable (dueño de bienes raíces, inversiones y negocios en los Estados Unidos, Canadá y mi país nativo) habían áreas en mi vida que todavía estaban vacías y que yo no podía llenar. Varias veces había confesado a Jesús como mi Señor y Salvador (cuando veía predicadores en la televisión o cuando asistía a reuniones en la capilla de béisbol), pero lo había hecho sólo para quedar bien en frente de otros. Creía en Dios y ayudaba a los pobres y a los necesitados, pero también era un mujeriego atado a la inmoralidad sexual. Me había convencido a mí mismo de estar bien, porque según yo, no le hacía daño a nadie.

"Entonces decidí limpiar mi vida. Verdaderamente me entregué al Señor y Él comenzó a cambiarme. En años previos estuve casado con el béisbol; me había dedicado 100 por ciento al deporte. Entonces comencé a orarle a Dios, pidiendo por una esposa; alguien perfecta para mi vida, y Él escuchó mi oración. También me liberó de la pornografía, depresión, idolatría, temor, decepción, arrogancia, enojo, amargura y falta de perdón. Cambió mi carácter. He aprendido a ser mentor, a ser mejor líder, a tener mayor integridad y a ser más responsable y organizado. Hasta he aprendido a manejar mis finanzas y a cuidar de mi esposa, hijos y hogar. El vacío en mí desapareció, y hoy puedo decir que soy un hombre feliz".

¿Está usted en el reino de Dios?

Dios es el gobernante supremo del universo, incluyendo nuestro mundo, y quiere que seamos participantes activos de Su reino, experimentándolo y expandiéndolo en la tierra. "De Jehová es la tierra y su plenitud; el mundo, y los que en él habitan".[55]

El problema con el "cristianismo religioso" (no el cristianismo genuino) es que a las personas que lo han experimentado o practicado, sólo se les ha presentado un Cristo "místico" o histórico, que además es inalcanzable y que no se relaciona con ellos personalmente. Como resultado, muchos se han convertido en escépticos en todo lo concerniente a Dios y a Jesús; por tanto, no pueden experimentar la vida que Él les quiere dar. Muchas personas en nuestro mundo se sienten deprimidos, desorientados y perdidos, porque no le encuentran sentido a su existencia. A menudo se desesperan porque quieren tener una vida satisfactoria y con propósito; es tal su consternación que algunos llegan al suicidio.

Sin embargo, el reino de Dios es una realidad eterna que puede transformar cualquier situación. El reino trae todo lo que cada ser humano necesita: salvación, sanidad, liberación, propósito y prosperidad. Todo esto debe ser experimentado hoy, y debe ser aplicado a cualquier circunstancia que podamos estar pasando.

Las religiones del mundo no nos pueden dar vida verdadera porque no la tienen. Sólo Jesús, el que resucitó, la puede dar. Nuestra parte consiste en recibirlo en nuestras vidas. La siguiente es la historia de Sandeep J. Khobragade, un hombre de negocios de la India que creía en dioses hindúes, pero cuando necesitó un milagro, encontró que sólo Jesús se lo podía conceder.

"A los 14 años, mi tío me introdujo a la inmoralidad sexual. Esto me llenó de miedo y me llevó a aislarme de mis amigos y familiares. No pude compartir con nadie lo que me había pasado, ni siquiera a mis padres. Me sentía atrapado y desamparado. El tiempo pasó,

---

[55] Salmos 24:1.

pero por mucho que traté, no pude dejar esa vida de inmoralidad. Busqué una solución en ídolos y astrólogos. Pasé tres años estudiando astrología, leyendo horóscopos y usando rocas astrológicas, mantras y rituales, pero nada funcionó. La astrología proveyó un diagnóstico al problema, pero no me ofreció solución alguna.

"Mientras tanto, una crisis en el negocio familiar me llevó a los Estados Unidos en busca de nuevas oportunidades. Allí, Jesús comenzó a revelarse por medio de circunstancias y personas, una y otra vez. Era un hindú devoto y huía de los cristianos, pero seguía buscando la verdad y una salida. Por un año, oré a Saibaba [un dios hindú], pero no recibí respuesta. Fue entonces que me encontré con un amigo de mi niñez, en la India, que era cristiano. Dios lo usó para revelarme a Jesús. Cuando reconocí que Jesús es la verdad y que Su amor me sigue, comencé a llorar y le entregué mi vida. Lo único que sé es que cuando clamé a Dios, Jesús apareció y me liberó de inmoralidad sexual e idolatría. Hoy, sé que Jesús es el camino, la verdad y la vida. Por su gracia soy bendecido y estoy felizmente casado con una mujer maravillosa, y juntos le servimos".

La transformación comienza con una revelación personal de Jesucristo.

Jesús vino a la tierra a cambiar los corazones y vidas de los seres humanos. Comenzó por llamar a los discípulos uno por uno. Transformó sus corazones, mentalidad y estilo de vida por medio de una relación personal con Él. No les hizo falsas promesas ni los forzó a creer. Fue un ejemplo, y demostró el poder, justicia, gracia y misericordia de Dios. Mientras sus discípulos eran inspirados por Su vida y enseñanzas, ellos comenzaban a anhelar ser más como Él. Hoy en día, Jesús también nos llama a ser Sus discípulos, sin importar quiénes somos o cuán difíciles son nuestras circunstancias. Él quiere transformarnos, de manera que podamos llegar a ser todo lo que Dios nuestro Creador tiene destinado que seamos.

Jesús nos ofrece el reino de Dios —no una "religión"—. Él les dijo a sus discípulos, "No temáis, manada pequeña, porque a vuestro Padre le ha placido daros el reino",[56] y "buscad el reino de Dios".[57] También le enseñó a la gente, "El tiempo se ha cumplido, y el reino de Dios se ha acercado; arrepentíos, y creed en el evangelio".[58]

¿Ha estado solamente siguiendo las reglas y rituales de una religión, o tiene usted una relación con el Cristo vivo? Él entregó hasta Su última gota de sangre en la cruz por amor a la humanidad, y está llamando a la gente de todas las naciones, razas, religiones y condiciones sociales en el mundo, a que vayamos hacia Él.

Querido amigo, creer en Jesús vivo y recibirlo puede ser costoso para usted. Algunos seguidores de Jesús han sido rechazados por su familia o perseguidos por su comunidad o gobierno. En algunos casos les ha costado la vida. Sin embargo, hay muchos seguidores de otras religiones que están dispuestos a morir por algo que no tiene poder para transformarlos ni para darles vida eterna. Mi pregunta es: ¿Está dispuesto a sufrir o a entregar su vida por lo que es real y verdadero?

Cuando Saulo de Tarso se convirtió en creyente de Jesús, fue rechazado por muchos en su cultura. Pero a causa de que su corazón y su vida habían sido transformados, pudo declarar confiadamente:

> Aunque este nuestro hombre exterior se va desgastando, el interior no obstante se renueva de día en día. Porque esta leve tribulación momentánea produce en nosotros un cada vez más excelente y eterno peso de gloria; no mirando nosotros las cosas que se ven, sino las que no se

---

[56] Lucas 12:32.
[57] Lucas 12:31.
[58] Marcos 1:15.

ven; pues las cosas que se ven son temporales, pero las
que no se ven son eternas.[59]

¿Por qué creer en Jesús? Porque Él le ofrece vida eterna y real.

La siguiente oración le puede ayudar a encontrar las palabras ade-
cuadas para aceptar la invitación de Jesús de ir hacia Él. No tiene
que decir estas palabras exactamente como están escritas. Puede
decir la oración en sus propias palabras, siempre y cuando hable
con Dios con un corazón sincero y con el deseo de vivir para Él. No
se está uniendo a una religión, sino que está entrando en el reino de
Dios y comenzando una relación eterna con el Jesús vivo.

> Amado Padre celestial, creo que Jesús murió por mí en
> la cruz y que fue resucitado de entre los muertos. Con-
> fieso que Él es mi Señor y mi Salvador. Me arrepiento de
> todas las cosas malas que he pensado, dicho y hecho. Me
> aparto de ellas, de manera que puedo volver hacia Ti y a
> todo lo que Tú quieres para mi vida. Te doy gracias por-
> que prometiste entrar a mi Corazón y transformarme.
> Gracias porque ahora he "nacido de nuevo" y he entrado
> en Tu reino. Úsame Señor para expandir Tu reino en la
> tierra. ¡Amén!

Ahora que ha orado para recibir a Jesús, busque a un grupo de
creyentes que siguen a Jesús resucitado, al que vive y hoy sigue tras-
formando vidas, sanando y haciendo milagros. Pídale a Dios que
intervenga en sus circunstancias y confíe que Él le traerá sanidad
y liberación, de la misma forma como las que experimentaron las
personas cuyas historias usted ha leído en este libro. Lea y estudie
la Biblia, pidiéndole al Espíritu Santo de Dios que le ayude a crecer
en el entendimiento de lo que significa vivir una vida con Jesús, que
no sea "religiosa" sino que esté ¡llena de Su vitalidad, amor y poder!

---

[59] 2 Corintios 4:16–18.

4

¿Por qué hay dolor y sufrimiento en el mundo?

Una pregunta que la gente se hace con frecuencia es: "Si Dios es tan bueno y poderoso, ¿por qué existe el mal y el sufrimiento en el mundo?" Se preguntan, ¿por qué tenemos que soportar tantas tribulaciones en la vida? ¿Por qué Dios permite que la gente experimente hogares destruidos y drogadicción; accidentes, enfermedades y muerte prematura; violaciones, esclavitud, conflictos raciales, genocidios, guerras y otras formas de violencia; desastres naturales como terremotos, tsunamis y tornados; y miseria humana, como el hambre y la pobreza?

Como miembros de la raza humana, debemos reconocer que la raíz de toda la aflicción y las terribles cosas que ocurren en nuestra vida y en el mundo es un problema llamado "pecado" y sus consecuencias de largo alcance.

Muchos consideran que la palabra *pecado* es un concepto religioso anticuado. Pero, ¿qué es el pecado? Si es real, ¿cómo se volvió parte de nuestro mundo? Para responder estas preguntas, necesitamos explorar el origen de la humanidad.

El comienzo de la humanidad

Nuestro mundo fue diseñado para ser una expresión de nuestro Creador y de Su carácter, no para estar lleno de dolor y sufrimiento. Cuando Dios formó la tierra, hizo primero el ambiente físico, incluyendo las plantas, los peces, las aves y todos los demás animales y los llamó "buenos".[60] Después, hizo a los seres humanos para ser como Él, de Su misma esencia: "Y Dios creó al ser humano a Su imagen; lo creó a imagen de Dios. Hombre y mujer los creó".[61] Dios no creó seres pecaminosos; los hizo a Su propia imagen, como un reflejo de Su amor, bondad, poder, integridad, creatividad y otros atributos. Después de crear a los seres humanos, Dios declaró que todo lo que había hecho era "muy bueno".[62] Era un mundo sin mal.

Los seres humanos fueron creados a imagen de Dios.

Un rasgo esencial de nuestra creación a imagen de Dios es que somos seres espirituales. Las Escrituras nos dicen que, "Dios es Espíritu",[63] y cada ser humano tiene un espíritu eterno. Cada persona también tiene un alma —mente, voluntad y emociones— y un cuerpo, que le permite interactuar con el mundo físico.

Adicionalmente, Dios les concedió a los seres humanos el libre albedrío —incluyendo la habilidad para escoger entre lo bueno y lo malo—. Nuestro Creador no deseaba "robots" que hicieran automáticamente lo que Él quisiera. Por el contrario, Él deseaba seres que entendieran y apreciaran Su propia naturaleza y que, por su propia voluntad, escogieran vivir de acuerdo a esa naturaleza. Aún más, creó a la humanidad para que estuviera unida espiritualmente con Él, produciendo una relación profunda y cercana.

La "caída" de la humanidad

Al comienzo, el primer hombre y la primera mujer vivieron en armonía con Dios. Sin embargo después, haciendo uso de su libre

---

[60] Vea Génesis 1:1–25.
[61] Génesis 1:27.
[62] Génesis 1:31.
[63] Juan 4:24.

albedrío, fueron en contra del único requisito que Dios les había puesto —una condición establecida para su propia protección y bienestar—, pese a que Dios les había advertido que el resultado sería la muerte.[64]

¿Por qué los primeros seres humanos escogieron desafiar a Dios? Ellos tomaron esa decisión después de haber sido seducidos por el enemigo de Dios, Satanás, también llamado el diablo, o Lucifer. Satanás fue creado como un ser angelical. No obstante, debido a que intentó usurpar el trono de Dios, fue expulsado de la presencia de Dios, junto con otros seres angélicos que se unieron a su rebelión.[65] Deseando dañar a Dios, Satanás plantó una idea similar de rebeldía en las mentes de los primeros seres humanos. Les dijo que si ignoraban las instrucciones de Dios no morirían, sino que "serían como Dios, conociendo el bien y el mal".[66] En realidad, lo que les estaba diciendo es que no necesitaban a Dios para vivir y prosperar.

Desgraciadamente, sucumbieron ante la sugerencia de vivir independientes de Dios, y conscientemente siguieron su propia agenda. No se dieron cuenta que sus vidas mismas dependían de permanecer conectados a su Creador y a Su naturaleza. Su decisión es a menudo conocida como "la caída" de la humanidad, porque los seres humanos pasaron de un alto estado donde tenían la naturaleza de Dios y reflejaban Su imagen, a un estado bajo en el cual poseían una *naturaleza pecaminosa* y exhibían una imagen distorsionada de Él. Ese estado humano alterado es el origen del mal y el dolor en nuestro mundo. Los primeros seres humanos fueron engañados por Satanás. Ellos *sí* murieron como consecuencia de su desobediencia a Dios. Primero, experimentaron la muerte espiritual, en la que fueron separados de Dios, incluyendo Su Gloria y la totalidad de Su naturaleza. Segundo,

---

[64] Vea Génesis 2:17.
[65] Vea, por ejemplo, Isaías 14:12–15.
[66] Génesis 3:5.

sus cuerpos empezaron a deteriorarse poco a poco, y finalmente experimentaron la muerte.

Además, a través de sus hijos, transmitieron esos dos legados desastrosos —el espiritual y el físico— a toda la raza humana. Como dicen las Escrituras: "Por medio de un solo hombre el pecado entró en el mundo, y por medio del pecado entró la muerte; fue así como la muerte pasó a toda la humanidad, porque todos pecaron".[67]

Por causa del pecado, nuestros cuerpos físicos están ahora sujetos a las limitaciones del tiempo, el envejecimiento, y finalmente la muerte. Todavía más, aun cuando nuestros espíritus son eternos, están muertos para Dios, separados de Su vida —a menos que sean transformados a través de la fe, mediante la muerte y resurrección de Jesús—. Es por eso que Jesús dijo que debemos "nacer de nuevo".[68] Nuestros espíritus deben volver a nacer para que una vez más podamos reflejar la naturaleza de Dios.

¿Qué es el pecado?

Pecar significa violar las leyes y mandamientos de Dios. Es vivir sin ley y en rebeldía contra la Palabra de Dios. Otros términos para el pecado son *transgresión* e *iniquidad*. Pecado es todo aquello que no esté alineado a nuestro Creador y Sus caminos.

El pecado se manifiesta de varias formas. Lo vemos en las personas que quieren gobernar sus propias vidas, tomando sus propias decisiones independientemente de Dios y Sus caminos, tal como lo hicieron los primeros seres humanos. Lo vemos en las personas que tratan de "ganar" la aprobación de Dios o de ganar la entrada al cielo según sus propios términos. Lo vemos en la gente que pelea activamente contra las leyes de Dios y Sus mandamientos, convirtiéndose en su propia autoridad y determinando sus propios

---

[67] Romanos 5:12.
[68] Juan 3:3, 7.

estándares de lo que está bien y lo que está mal. Lo vemos incluso en personas que saben hacer el bien y no lo hacen.[69]

El pecado no es un término "religioso"; es la violación de las leyes, la Palabra y la voluntad de Dios.

En Su Palabra, Dios nos da muchos ejemplos de pecado, que incluyen "los ojos que se enaltecen, la lengua que miente, las manos que derraman sangre inocente, el corazón que hace planes perversos, los pies que corren presurosos a hacer el mal, el falso testigo que esparce mentiras, y el que siembra discordia entre hermanos".[70] Ciertos comportamientos que Dios llama pecado pueden parecer normales y legítimos para nosotros, pues son aceptables en nuestra sociedad. Sin embargo, eso no cambia como se siente Dios al respecto, y no altera nuestra responsabilidad por ellos.

Si queremos estar en el reino de Dios, debemos reflejar la naturaleza de Dios. Es por eso que la Escritura dice, por ejemplo:

> ¡No se dejen engañar! Ni los fornicarios, ni los idólatras, ni los adúlteros, ni los sodomitas, ni los pervertidos sexuales, ni los ladrones, ni los avaros, ni los borrachos, ni los calumniadores, ni los estafadores heredarán el reino de Dios.[71]

Las Escrituras enumeran otros comportamientos corruptos que las personas cometen debido a su naturaleza pecaminosa, incluyendo "idolatría y brujería; odio, discordia, celos, arrebatos de ira, rivalidades, disensiones, sectarismos y envidia; borracheras, orgías, y otras cosas parecidas. Les advierto ahora, como antes lo hice, que los que practican tales cosas no heredarán el reino de Dios".[72]

---

[69] Vea Santiago 4:17.
[70] Proverbios 6:17–19.
[71] 1 Corintios 6:9–10 (NVI).
[72] Gálatas 5:20–21 (NVI).

Cuando las personas no reciben a Jesús, están separadas de Dios, así que no entienden Sus caminos. Por esta razón, constantemente caen en error y negligencia al no hacer lo que es bueno y justo, lo que le traerá paz a sus vidas. El transgredir de continuo la naturaleza de Dios mantiene al pueblo separado de su Creador, y tal separación resultará siempre en la muerte espiritual y física. "Luego, cuando el deseo ha concebido, engendra el pecado; y el pecado, una vez que ha sido consumado, da a luz la muerte".[73] No hay pecado que, practicado de continuo, no resulte en muerte. Independientemente de cómo las personas categoricen el pecado, si no le dan la espalda, su final sin duda será desastroso.

Todo ser humano nace con una naturaleza pecaminosa

Algunas personas creen que porque no cometen pecados "graves", son personas buenas que no deberían ser calificadas como "pecadores". Más la Biblia declara que, "Por cuanto todos pecaron, y están destituidos de la gloria de Dios".[74] La naturaleza de pecado está presente en todos los seres humanos; nacimos con ella, y la heredamos a través de la caída de la humanidad. Entonces, el pecado es algo que nos aqueja a todos, sin excepción. Y el pecado no está limitado a actos extremos, tales como involucrase en actos repetidos de obvia inmoralidad o como matar a alguien.

Muchas personas religiosas siguen siendo pecadoras por el hecho de que se someten sólo *externamente* a ciertas reglas morales. Debido a que no se dan cuenta que necesitan rendir sus vidas a Dios, no entienden ni reflejan Su verdadera naturaleza. Permanecen en rebelión contra Él, porque nunca han tomado la decisión de apartarse de sus actividades egocéntricas para abrazar Sus caminos. Como ya hemos visto, incluso una persona religiosa puede

---

[73] Santiago 1:15.
[74] Romanos 3:23.

enfocarse en hacer cosas que piensa que le agradan a Dios, mientras omite la necesidad vital de recibir a Jesús y Su sacrificio.

No hay nadie en la tierra que no haya albergado alguna vez un motivo egoísta en su corazón, o que haya tenido un pensamiento malo en contra de otra persona, o que haya dicho algún tipo de mentira. Estas son pruebas suficientes de que el pecado habita en todos nosotros. Es imposible que alguien se abstenga de cometer pecado. Todos necesitamos recibir a Jesús y apoyarnos en el Espíritu de Dios.

El pecado no se limita a actos extremos, tales como involucrarse en actos repetidos de obvia inmoralidad o matar a alguien.

Algunos, cuando culpan a Dios por las cosas malas que ocurren en el mundo, asumen la posición de víctimas, y olvidan asumir la responsabilidad por su propia condición de pecado. Trágicamente, hay multitud de víctimas inocentes de muchas clases de abuso, explotación y crueldad en nuestro mundo. Esas personas necesitan nuestra compasión, y debemos buscar justicia en su nombre. Como dice la conocida frase, el pecado incita "la inhumanidad del hombre hacia el hombre". Sin embargo, estoy hablando de aquellos que tratan a Dios como si Él fuera el culpable y ellos no tuvieran culpa alguna. No se ven a sí mismos necesitando Su ayuda y salvación. No ven el problema del pecado en sus propias vidas.

Además, gran parte de la psicología y psiquiatría modernas, así como las políticas y leyes de algunas naciones, no reconocen la realidad del pecado. En cambio, se refieren a varios tipos de actitudes y comportamientos pecaminosos con otros términos, como "estilo de vida alternativo" o el "derecho a elegir." O argumentan otras razones ante la conducta pecaminosa de la gente, tales como "enfermedad," o "producto del medio"; tales factores pueden contribuir al problema, pero no son su raíz o causa.

Consecuencias del pecado

No podemos acabar con el patrón destructivo de maldad y muerte en nuestro mundo si no lidiamos con la raíz del problema. Cuando entendamos lo que es el pecado, cómo daña nuestras vidas, y por qué destruye al mundo, valoraremos el sacrificio que Jesucristo hizo en la cruz y el inmenso poder que Él desató a nuestro favor por medio de Su resurrección.

El pecado ofende a Dios, y su peor consecuencia es que causa la separación entre Él y nosotros. Observemos algunas realidades del pecado.

1. El pecado, a la final, no satisface

Muchas personas pecan mientras persiguen el placer y la satisfacción en sus vidas, en un esfuerzo por llenar el vacío espiritual que hay en sus corazones. Sin embargo, algunos nunca experimentan placer en su pecado; por el contrario, se sienten vacíos mientras pecan y después de pecar. Y aunque algunos disfrutan el pecado cuando comienzan a practicarlo, pronto descubren que el placer les dura poco. Después que pasa la satisfacción inicial, a menudo la culpa y la vergüenza se establecen. El pecado nunca puede satisfacer el vacío que genera la falta de una relación con Dios, o la necesidad de salvación que los seres humanos cargan dentro de ellos.

Muchas personas pecan porque están tratando de llenar el vacío espiritual que hay en sus corazones.

---

2. El pecado hiere a quien lo comete

Cuando las personas pecan, quienes resultan más heridos son ellos mismos; porque no sólo tienen que lidiar con las consecuencias de sus transgresiones, sino que además continúan alineándose a sí mismos con la muerte espiritual. "Pero los impíos son como el mar en tempestad, que no puede estarse quieto, y sus aguas arrojan cieno y lodo. No hay paz, dijo mi Dios, para los impíos".[75] En verdad no hay paz para el hombre o la mujer que vive separado de Dios y de Su voluntad, imposibilitados de escapar de la esclavitud del pecado.

3. El pecado hiere a otras personas

Los pecados de las personas afectan a aquellos que están a su alrededor, incluyendo —y a menudo especialmente— a sus seres queridos. Usualmente, la gente peca por razones egoístas. Cuando piensan en involucrarse en una acción pecaminosa, por lo general no consideran —o no les importan— los efectos que su acción tiene sobre otros. Por ejemplo, cuando un hombre casado comete adulterio, puede que piense solamente en el placer inmediato de esa relación, no en la forma cómo impactará a su esposa e hijos y/o a la mujer involucrada. Las secuelas del adulterio y del divorcio pueden ser, daño espiritual, mental y emocional, de larga duración, así como dificultades financieras y otros problemas en las vidas de quienes son impactados por estos.

4. El pecado conduce a menudo a más —y peores— pecados

Debido a que el pecado produce solamente satisfacción temporal, algunos buscan duplicar ese placer o sentimiento momentáneo, una y otra vez, cometiendo otros actos de pecado, creando un círculo vicioso que puede ser muy difícil de romper. Aun más, el cometer un pecado puede despertar un apetito mayor por éste, haciendo que la persona se degenere hasta que su comportamiento finalmente lo destruye.

---

[75] Isaías 57:20–21.

5. El pecado esclaviza

Cuando cometemos un pecado, éste se convierte en nuestro amo. El pecado no nos sirve a nosotros; nosotros le servimos a él. "¿Acaso no saben ustedes que, cuando se entregan a alguien para obedecerlo, son esclavos de aquel a quien obedecen? Claro que lo son, ya sea del pecado que lleva a la muerte, o de la obediencia que lleva a la justicia".[76] Es más, adicionalmente a nuestros propios pecados, cargamos "pecados generacionales" en nuestra línea sanguínea que heredamos como consecuencia de los pecados de nuestros padres, abuelos y otros ancestros.

Nosotros no escogimos esa herencia, pero ahí está, como una pesada carga sobre nosotros, y causa problemas inexplicables y fracasos en nuestras vidas. Por ejemplo, si usted observa la línea familiar de un alcohólico, frecuentemente descubrirá que uno de los padres, o un abuelo, tío, y/u otros parientes también fueron alcohólicos.

Yo creo que cuando la Biblia menciona la "iniquidad", por lo general se está refiriendo al pecado generacional.[77] No hay absolutamente nada que usted personalmente pueda hacer para deshacerse de la iniquidad. No existe otro ser humano, o una religión, avance médico o descubrimiento científico que pueda liberarlo de ella. Sólo Jesús puede hacerlo. Y, a menos que lidie con ella, se transmitirá o transferirá a sus futuras generaciones.

6. El pecado lleva a la muerte

Muchos que incurren en pecados no creen que estos acarreen alguna consecuencia. Sin embargo, las Escrituras establecen claramente que "la paga del pecado es muerte, mientras que la dádiva de Dios es vida eterna en Cristo Jesús, nuestro Señor".[78] Debido a que el pecado afecta todas las áreas de nuestras vidas, esta "muerte"

---

[76] Romanos 6:16.
[77] Vea, por ejemplo, Deuteronomio 5:8–9.
[78] Romanos 6:23.

puede no ser exclusivamente espiritual o física; en ocasiones puede también ser emocional, relacional, y así sucesivamente.

7. El pecado acarrea castigo y consecuencias eternas

Dios debe castigar el pecado con el fin de ser fiel a Su naturaleza y al carácter original del mundo que Él creó. Dios es bondad total; Él es santo (puro). Si queremos conocer la perspectiva de Dios respecto al pecado, simplemente debemos mirar la cruz y ver el castigo que Él desató sobre Su propio Hijo cuando Jesús cargó todos nuestros pecados sobre Sí mismo y pagó por ellos en representación nuestra.

O recibimos a Jesús como el suficiente sustituto por nuestros pecados, o enfrentaremos el castigo por nuestras faltas. Muchas veces sufrimos diversos efectos negativos en nuestra vida como consecuencia de pecar. Sin embargo, el castigo final por todas nuestras ofensas lo recibiremos en nuestra próxima vida, en forma de juicio y separación eterna de Dios. "Vi también a los muertos, grandes y pequeños, de pie delante del trono. Se abrieron unos libros, y luego otro, que es el libro de la vida. Los muertos fueron juzgados según lo que habían hecho, conforme a lo que estaba escrito en los libros".[79]

Todo lo que hacemos en esta vida queda registrado en el cielo, y cuando muramos, seremos juzgados en relación a nuestras acciones. No hay manera de escapar del juicio de Dios por el pecado, excepto por la provisión de Jesucristo. Su sacrificio cubre nuestros pecados, y Dios dice que no los recordará ya más.[80] Más los pecados que no han sido perdonados serán expuestos [81] y juzgados.

La buena noticia es que cuando recibimos a Jesús y Su provisión expiatoria a través de la cruz, ¡Su naturaleza y bondad son acreditadas a nosotros! Conocemos el gozo y la paz de ser totalmente perdonados y limpiados de todo lo que hemos hecho mal. Esto es

---

[79] Apocalipsis 20:12.
[80] Vea Hebreos 8:12.
[81] Vea, por ejemplo, Lucas 8:17.

lo que significa para nosotros ser "justos". Vivir en verdadera rectitud no significa adoptar la actitud arrogante de "yo soy más santo que tú". Significa recibir la naturaleza de Jesús mismo —y ésta se convierte en nuestra posición delante de Dios—. Ya no tenemos que temer el castigo por nuestro pecado. Jesús ha pagado el precio de ese castigo por nosotros. Mientras estemos aún vivos, tenemos la capacidad de recibir salvación en Jesús. Pero después que ocurre la muerte física, ya no hay más oportunidad para hacerlo. "Y así como está establecido que los seres humanos mueran una sola vez, y después venga el juicio".[82] Su oportunidad es aquí y ahora.

Dios odia el pecado pero ama al pecador, tanto así, que vino a la tierra en la persona de Jesucristo para morir por nuestros pecados.

La solución para el pecado

El pecado nos separa de Dios y distorsiona Su imagen en nosotros, porque todo pecado es opuesto a Su carácter. La naturaleza pecaminosa, así como los actos individuales de pecado, atrapan en muerte espiritual a aquellos que aún no han recibido a Jesús. Es más, cuando aquellos que han nacido de nuevo pecan, todavía "contristan"[83] al Espíritu Santo o "apagan"[84] la vida del Espíritu Santo en ellos, y por lo tanto necesitan ser lavados de su pecado.[85]

Jesús entregó Su vida para liberarnos de la esclavitud del pecado. Así que, ¿cómo recibimos lo que Él ha hecho por nosotros? Recuerde que Jesús dijo, "El tiempo se ha cumplido, y el reino de Dios se ha acercado; arrepentíos, y creed en el evangelio".[86] La solución para el pecado es el arrepentimiento. El arrepentimiento nos

---

[82] Hebreos 9:27.
[83] Efesios 4:30.
[84] 1 Tesalonicenses 5:19.
[85] Vea, por ejemplo, 1 Juan 1:9; 2:1.
[86] Marcos 1:15.

permite entrar en el reino de Dios, el cual se caracteriza, no por dolor y sufrimiento sino por "justicia, paz y gozo en el Espíritu Santo".[87]

¿Qué es el arrepentimiento?

Sin duda, muchas personas están insatisfechas o incómodas con sus vidas y quieren cambiar, pero no saben cómo arrepentirse. Una de las razones, es que hay confusión generalizada de lo que realmente significa arrepentimiento. Muchos lo asocian con una respuesta emocional, como llorar o sentirse culpable. Otros piensan que significa hacer varios actos de penitencia para expiar los pecados cometidos, tales como donaciones a organizaciones de caridad, o negarse a sí mismos ciertos placeres o gustos. Sin embargo, el verdadero arrepentimiento no es una respuesta emocional —aunque el arrepentimiento puede ir acompañado de emociones—, y no puede alcanzarse realizando actos de penitencia.

La palabra griega que se traduce como "arrepentimiento" en el Nuevo Testamento indica la convicción sobre la propia culpa, y significa "un cambio de decisión". Una palabra relacionada significa "pensar de manera diferente". Así que, después que un individuo se da cuenta de su condición espiritual de pecado, se arrepiente tomando la decisión de cambiar su mentalidad y sus actitudes incorrectas hacia Dios y hacia sí mismo; y además se compromete a hacer un cambio en su comportamiento. Reconoce que a causa de su naturaleza y actos pecaminosos, su vida está en el camino hacia la destrucción, y que ya no quiere estar más en ese camino.

El arrepentimiento ha sido descrito a menudo como, un giro de 180 grados para ir en dirección opuesta —alejándose de las actitudes pecaminosas, acciones inmorales y el egocentrismo—, acercándose al carácter, caminos y propósitos de Dios. Involucra la decisión de permitir que nuestra vida sea gobernada por Dios sin

---

[87] Romanos 14:17.

reservas; es estar dispuestos a seguirlo y obedecerlo de ahora en adelante.

A menos que nos arrepintamos, no podremos experimentar la provisión de Cristo para nosotros a través de la cruz, ni recibir el Espíritu de Dios. Y esto es crucial: sólo a través de la gracia y el poder que recibimos del Espíritu de Dios podemos manifestar la naturaleza de Dios, vivir de acuerdo a Sus caminos, y heredar la vida eterna en el cielo.

Cuando una persona se arrepiente genuinamente, su conducta y estilo de vida se van alineando cada vez más con el reino de Dios y sus prioridades. Tales cambios son la evidencia del trabajo del Espíritu Santo en la vida del individuo, para acercarlo hacia Dios y permitirle vivir una vida recta. "Vivan por el Espíritu, y no seguirán los deseos de la naturaleza pecaminosa".[88] Aprendemos lo que le agrada a Dios leyendo Su Palabra y pidiéndole que nos enseñe y nos dirija a través del Espíritu Santo.

Arrepentirse significa dar un giro de 180 grados —dando la espalda a las acciones y actitudes de pecado—, y avanzando hacia los propósitos y caminos de Dios.

La bondad de Dios nos lleva al arrepentimiento

Las Escrituras dicen que "Su bondad quiere llevarte al arrepentimiento".[89] Quizá ha habido ocasiones en que alguien le ha hablado sobre el amor de Jesús y el sacrificio que hizo por usted. O quizá ha habido momentos en los cuales, después que ha hecho algo malo, su conciencia le ha redargüido y usted se lamenta de haber hecho lo que hizo. Esos son casos en que la bondad de Dios

---

[88] Gálatas 5:16 (nvi).
[89] Romanos 2:4 (nvi).

Padre estaba moviéndolo a arrepentirse para que pudiera clamar a Él, ser reconciliado con Él a través de Jesús, y disfrutar de una relación personal con Él. Dios quiere estar cerca de usted. Su amor por usted es tan grande que Él nunca cesa de llamarle y ofrecerle salvación y una vida completamente nueva.

Bismarck es un supervisor de bodega que experimentó esa bondad de Dios que lo llevó al arrepentimiento, perdón y una nueva vida. "Yo vine a los Estados Unidos desde Nicaragua cuando tenía catorce años. Inmediatamente, me uní a las pandillas y empecé a consumir marihuana, cocaína y crack. No le tenía miedo a nada; era violento y buscaba experimentar emociones fuertes. Debido a ese estilo de vida, terminé en las calles, robando para conseguir el dinero que necesitaba para comprar más droga. Mi adicción era tal que hasta vendía mi ropa y zapatos por cinco o diez dólares sólo para comprar drogas.

"Estuve hospitalizado varias veces por sobredosis de drogas. También traté de cometer suicidio cinco veces. Las primeras cuatro, me clavé un cuchillo en el cuerpo. La quinta vez, me colgué de un cinturón. Me encontraron sin vida, pero por un milagro de Dios, reviví. Creo que fue porque Dios tenía un propósito para mi vida.

"En ese tiempo, no estaba buscando a Jesús, pero Dios usó a alguien para invitarme a una casa donde varios se reunían a orar y aprender sobre la Biblia. Más todo lo que yo hacía era criticar su iglesia y su pastor, llamándole 'ladrón'. Seguí criticándolos hasta que, una mañana, mientras estaba en mi habitación, empecé a sentirme mal por todas las críticas. Lloré inconsolablemente. Nunca olvidaré lo que pasó después: oí una voz que dijo, 'Así es como quería verte'. La convicción de parte de Dios fue tan fuerte que no pude dejar de llorar.

"A partir de ese momento, mi vida dio un vuelco increíble. Jesús borró mi pasado y me dio un nuevo comienzo. Había sido un drogadicto por veinte años, y miembro de una pandilla, fornicario y adúltero. No le temía a nada, y no me importaba mi vida ni la de nadie más. Pero hoy, soy un hombre que teme a Dios, y me siento totalmente restaurado y feliz. Estoy empleado, cuido de mi hogar, y sirvo en la iglesia".

Pasos para un genuino arrepentimiento

El verdadero arrepentimiento no es simplemente una creencia intelectual en Dios y reconocer nuestra condición espiritual de pecado. También involucra los siguientes pasos:

1. **Reconocer y confesar nuestro pecado, con convicción genuina**

Debemos reconocer honestamente delante de Dios las faltas que hemos cometido de pensamiento, palabra y obra, con convicción genuina por haber vivido de una manera que es contraria a Su naturaleza. Hay un libro en la Biblia llamado "Salmos", y en uno de esos salmos leemos: "El sacrificio que te agrada es un espíritu quebrantado; tú, oh Dios, no desprecias al corazón quebrantado y arrepentido".[90]

Cuando miramos a Dios nuestro Creador y admitimos delante de Él nuestros pecados, y también cuando le expresamos nuestro deseo de ser transformados, Él activa el perdón que hemos recibido a través de Cristo. La sangre de Jesús derramada en la cruz, se hace efectiva como el pago por nuestras transgresiones. Las Escrituras dicen, "Si confesamos nuestros pecados, Dios, que es fiel y justo, nos los perdonará y nos limpiará de toda maldad".[91] Y que, "Quien encubre su pecado jamás prospera; quien lo confiesa y lo deja, halla perdón".[92] Dios espera que nos demos cuenta de la condición pecaminosa en la que estamos y que recurramos a Él para perdón, limpieza y renovación.

---

[90] Salmos 51:17 (NVI).
[91] 1 Juan 1:9.
[92] Proverbios 28:13 (NVI).

"El sacrificio que te agrada es un espíritu quebrantado;
tú, oh Dios, no desprecias al corazón quebrantado y
arrepentido".

---

2. Tomar la decisión de abandonar el pecado

Cuando nos arrepentimos genuinamente, nos alejamos de las actividades, personas, objetos y lugares que influyen en nosotros para que pequemos. Si voluntariamente nos exponemos a situaciones que nos tientan y nos hacen pecar, entonces nuestro arrepentimiento no era genuino. Necesitamos comprometernos a separarnos de lo que Dios llama malo e injusto. Y debemos permitir que la sangre de Jesús, la cual Él derramó en la cruz, rompa las cadenas de pecado e iniquidad que obstruyen nuestra vida espiritual —tal como las arterias obstruidas obstaculizan el flujo de la sangre de una persona—, para que podamos ser verdaderamente libres de pecado.

Tomar la decisión de dejar atrás el pecado no significa que nunca más experimentaremos tentaciones o pensamientos pecaminosos, o que no cometeremos un pecado jamás en nuestra vida. Más bien, significa que ya no deseamos pecar más, y que el pecado ya no sigue siendo un hábito para nosotros. En la Biblia, cuando Jesús perdonaba y sanaba a las personas, algunas veces les decía, "no peques más",[93] o "deja tu vida de pecado".[94] Tenemos que dejar nuestro estilo de vida de pecado, y desear vivir para Dios, haciendo lo que le complace a Él.

3. Recibir el perdón de Dios a través de la fe en Cristo

Si nos arrepentimos y aceptamos a Jesucristo como nuestro Señor y Salvador, la maldición del pecado se rompe en nuestras vidas, y el juicio de muerte espiritual ya no pesa más sobre noso-

---

[93] Juan 5:14 (NVI).
[94] Juan 8:11 (NVI).

tros. ¡Somos libres! La culpa y la recriminación ya no pueden amenazarnos más, y la siguiente verdad aplica para nosotros:

> Por lo tanto, ya no hay ninguna condenación para los que están unidos a Cristo Jesús, pues por medio de él la ley del Espíritu de vida me ha liberado de la ley del pecado y de la muerte.[95]

Una vez que usted se ha arrepentido, confesado su pecado, y aceptado el sacrificio de Jesús para liberarlo de su naturaleza pecaminosa, no siga ya esclavizado por los recuerdos de sus errores y faltas del pasado. ¡Su cautiverio ha terminado! La libertad en Jesucristo le permite edificar una vida de bendiciones y una herencia de libertad para sus descendientes y todos aquellos que heredarán las consecuencias de sus decisiones.

Dios quiere que tengamos convicción de nuestros pecados para que acudamos a Él y nos arrepintamos. Él no quiere que experimentemos continuamente la culpa, vergüenza y condenación, que sólo hacen que queramos huir de Él. De nuevo, cada vez que usted peque, inmediatamente confiese sus pecados a Dios, pídale perdón, reciba Su perdón a través de Cristo, y renueve su compromiso de dejar el pecado y vivir por el Espíritu.

Las Escrituras nos aseguran que, "Por lo tanto, si alguno está en Cristo, es una nueva creación. ¡Lo viejo ha pasado, ha llegado ya lo nuevo!"[96] En Jesús, usted tiene una naturaleza completamente nueva: "se han quitado el ropaje de la vieja naturaleza con sus vicios, y se han puesto el de la nueva naturaleza, que se va renovando en conocimiento a imagen de su Creador".[97]

---

[95] Romanos 8:1–2.
[96] 2 Corintios 5:17.
[97] Colosenses 3:9–10 (nvi).

4. Creer en el evangelio de Cristo

Recuerde que Jesús dijo, "Arrepiéntanse y crean en el evangelio".[98] No solamente es necesario experimentar convicción y remordimiento, confesar y arrepentirnos de nuestros pecados, sino también activamente creer *en* el evangelio. El evangelio es la buena nueva de la llegada del reino de Dios a la tierra, el cual nos libera del pecado y de la muerte. El creer, completa nuestra transformación, y nos restituye a Dios.

¡Crea en el evangelio! Usted no tiene que estar controlado por el pecado, esclavizado por acciones y actitudes erróneas. Permita que Dios le perdone y cambie su vida, tal y como lo hizo con Fátima García, una ama de casa de Republica Dominicana: "Mi encuentro con Jesús vino en un tiempo crucial para mí. Me sentía vacía, sola emocionalmente, y sin apoyo espiritual. Tenía muchos problemas en mi matrimonio y tuve que divorciarme de mi esposo. Además, estaba triste por el reciente fallecimiento de mi padre, y todo se veía gris para mí. Caí en una profunda depresión y fui hospitalizada. Le pedí a Dios que me llevara para estar con mi papá. Ya no quería vivir más. Mi depresión era tan fuerte que estuve en coma por seis horas. Cuando desperté, pensé en mis hijos y en mi mamá, y supe que debía vivir por su bien.

"Mi depresión había causado otras complicaciones físicas —presión alta y problemas con la glándula tiroides—. Los doctores dijeron que necesitaría medicamentos por el resto de mi vida. Cuando una amiga se enteró de la condición en que me encontraba me invito al Ministerio El Rey Jesús. Yo no quería ir, pero ella insistió, así que decidí ir y buscar de Dios.

"Cuando oí el mensaje del Pastor, sentí una paz inmensa. ¡Finalmente había encontrado a Jesús! Sentí un arrepentimiento profundo por haber vivido separada de Él, y decidí entregarle mi desastrosa vida a Él, para que la transformara. Seguí asistiendo

---

[98] Marcos 1:15.

a la iglesia, y poco a poco, empecé a darme cuenta que mi vida estaba tomando una dirección completamente nueva. Las oraciones empezaron a provocar una gran transformación. El Señor ha seguido bendiciéndome, y he aprendido a orar por mis hijos y mi familia. Después de un tiempo, los doctores dijeron que ya no necesitaba medicamentos, así que dejé de tomarlos. Jesús me ha enseñado a llevar la relación con mis hijos, y tengo una mejor relación con mi ex esposo".

> *Usted no tiene que estar controlado por el pecado, ni esclavizado por actitudes y acciones erróneas.*

Muchos huyen de la verdad de Jesucristo porque no quieren ser confrontados con sus pecados. Pero Jesucristo no puede recibirse a medias. Dios, en Su bondad, ha estado allanando el camino para que usted regrese a Él. Si usted reconoce sus pecados, acepta el perdón en Jesús, deja su estilo de vida de pecado, y cree en el evangelio del reino, recibirá a Jesús y la vida eterna que sólo Él puede dar. Usted tendrá una naturaleza completamente nueva —una que es como la misma naturaleza de Dios—. Se reconciliará con su Creador, tal como si nunca hubiese pecado.

Este proceso no necesita ser complicado. Sólo requiere una simple oración en voz alta:

> Padre Celestial, reconozco que soy un pecador y que mi pecado me separa de Ti. Creo que Jesús murió en la cruz por mí y que fue resucitado de entre los muertos. Confieso con mi boca que Jesús es el Señor. Me arrepiento de todos mis pecados y rompo toda conexión que haya establecido —voluntaria o involuntariamente— con el pecado y con el diablo. Jesús, te pido que entres a mi corazón y transformes mi vida. Rechazo todos los

pensamientos y comportamientos que no reflejan la naturaleza de Dios, y te pido que me ayudes a caminar en Tus caminos, conforme a Tu gracia y poder, a través del Espíritu Santo. ¡Amén!

¿Por qué creer en Jesús? Porque Él lo ha salvado de las garras de una naturaleza pecaminosa y le ha concedido el ser perdonado por todos los pecados que alguna vez usted cometió, y ha puesto a su disposición ¡una vida nueva y una relación eterna con Dios el Padre!

Ayude a aliviar el dolor y sufrimiento del mundo

Ahora que se ha reconciliado con Dios, pídale a Jesús diariamente que lo use para divulgar y expandir el reino de sanidad, liberación y justicia de Dios en nuestro mundo.[99] Tenemos una promesa confiable de parte de Dios, por la cual, cuando la plenitud de Su reino venga, "Él les enjugará toda lágrima de los ojos. Ya no habrá muerte, ni llanto, ni lamento ni dolor, porque las primeras cosas han dejado de existir".[100]

---

[99] Vea Lucas 4:18.
[100] Apocalipsis 21:4.

5

Una realidad que no podemos ignorar

Hasta donde puedo recordar, siempre le tuve miedo a la muerte. Este temor me seguía dondequiera que iba; la idea de perder la vida me aterrorizaba. Entonces, viajé a predicar en una conferencia en Honduras, Centro América, con un equipo de cincuenta personas. Al terminar la conferencia, fuimos a cenar en el hogar de una familia de la iglesia que nos había invitado. Sin nosotros saberlo, siete hombres armados nos habían seguido hasta allí. Mientras estábamos comiendo, entraron violentamente a la casa y nos amenazaron a todos apuntándonos con armas.

Varios de los hombres se llevaron al pastor de la iglesia en un carro para matarlo. Cuando llegaron al lugar donde iban a matarlo, el pastor pudo escaparse; pero mientras corría, se resbaló y cayó. En el último minuto, el hombre que estaba a punto de dispararle recibió la orden de otro de los hombres de dejarlo ir.

Mientras tanto, los otros hombres armados nos amarraron a los que quedábamos en la casa. Nos mantuvieron allí, apuntándonos durante cuarenta y cinco minutos, mientras yo oraba sin cesar, pidiendo la protección sobrenatural de Dios. Finalmente, los hombres se fueron. Dios había salvado nuestras vidas. Durante el tiempo que permanecí atado muchas preguntas desfilaron por mi mente: "¿Si me muero, iré al cielo?" "¿He hecho la voluntad de Dios?" "¿Tengo un sucesor para la iglesia?". A todas esas preguntas respondí que sí, y esto me ayudó a entender que no debería temer a la muerte. Además, había repetido un verso de la Biblia que describe a los seguidores de Jesús como hombres que fueron perseguidos a causa de creer en Él: "Ellos menospreciaron sus vidas hasta la muerte".[101] Como lo escribí antes, aquellos que reciben a Jesús deben estar dispuestos a entregar sus vidas por Él, si es necesario. Estuvo claro para mí que antes que me ocurriera ese incidente no había estado listo para hacer eso. Llegué a entender que Dios había permitido que enfrentara esa situación para poder confrontar así mi temor a la muerte, y vencerlo.

Hoy en día, puedo ir a cualquier lugar del mundo, y no tengo miedo de morir. Sé que Jesús conquistó a la muerte por Su sacrificio en la cruz y Su resurrección. Y sé que aun si mi cuerpo muere, mi espíritu seguirá viviendo con Dios, y esa seguridad me da absoluta paz.

El enemigo de la raza humana

El último pronóstico de nuestras vidas es la muerte física. La muerte no era parte del diseño original de Dios para los seres humanos. Sin embargo, cuando los primeros seres humanos pecaron, permitieron que la muerte reinara en el mundo.[102] La muerte es la enemiga de toda la raza humana.

En la sociedad actual, más personas de las que usted pueda imaginarse le temen a la muerte, al punto de preferir no hablar de ella. Aun así, muchas personas —de todas las culturas, nacionalidades, razas y estratos sociales— están interesadas e incluso preocupadas con la idea de la muerte. Quieren saber qué pasará con ellos después de morir.

Cuando los primeros seres humanos pecaron,
permitieron que la muerte reinara en el mundo.

---

[101] Apocalipsis 12:11.
[102] Vea Romanos 5:12–14.

A lo largo de la historia, las personas han expresado su temor a la muerte de maneras diferentes, tales como adoptar una actitud pesimista hacia la vida, usar el escapismo, y acoger la idea de la reencarnación. Según el concepto de la reencarnación, después que una persona muere, su alma se transfiere a otro cuerpo (ya sea el de un recién nacido o incluso un animal, insecto u objeto).

Cuando las personas son pesimistas, un espíritu de muerte opera en ellos, los vuelve apáticos o deprimidos y pueden llegar a manifestar otras actitudes negativas. Cuando las personas optan por el escapismo, buscan evadir la realidad, enfocando sus mentes en entretenimiento y otras formas de placer; sin embargo, cuando tienen que regresar al "mundo real", por lo general quedan sintiéndose vacíos y frustrados. Cuando las personas acogen la idea de la reencarnación, es a menudo una expresión de su deseo por corregir los errores y fallas de su vida, y por creer que la muerte no es el final; que de alguna manera seguirán viviendo.

Nuestras dos "citas"

¿Hay vida después de la muerte? ¡Definitivamente, sí! La Biblia confirma que la hay. ¿Qué pasa después de la muerte? No regresamos a la tierra en un cuerpo diferente. Sólo hay dos posibles destinos para los seres humanos después que mueren. Uno es una eternidad con Dios, y el otro es una eternidad separados de Él.

En el capítulo anterior, vimos que seremos juzgados de acuerdo a como hemos vivido durante nuestro tiempo en la tierra: "Y de la manera que está establecido para los hombres que mueran una sola vez, y después de esto el juicio".[103] Estas "citas" son inevitables. ¿Usted lo cree? Puede que usted no cumpla con muchas de sus citas, pero existen dos a las que usted no podrá faltar: su cita con la muerte y su cita con el juicio divino de Dios. Dios lo juzgará como una persona justa si ha recibido a Jesús, y sus pecados han

---

[103] Hebreos 9:27.

sido perdonados a través de Su muerte en la cruz; o determinará
que usted está condenado debido a sus pecados, y por rechazarle a
Él y rechazar Sus caminos.

¿Sabe usted qué le espera después de la muerte? ¿Tiene paz con respecto a lo que le pasará después de morir, o teme constantemente
un fin incierto? Jesús es el Único que no solamente experimentó
la muerte sino que también obtuvo la victoria completa sobre ella.
Si algo diferencia al verdadero cristianismo de otras religiones y
filosofías, es que Jesús tiene una respuesta *probada* para nosotros
con respecto a la muerte.

¿Qué sucede después de la muerte?

Al explorar este tópico de la vida después de la muerte, es importante tener en cuenta que, además de nuestro mundo físico, existe
una dimensión espiritual invisible, la cual no puede conocerse por
los sentidos naturales. Sólo puede discernirse espiritualmente, y
opera de acuerdo a sus propias leyes y principios. Ya sea que una
persona reconozca o crea en la dimensión espiritual o no, igual
existe.

Algunas personas piensan que el mundo espiritual existe solamente en lo abstracto, o que es algo vago y evasivo. Sin embargo,
la realidad del mundo espiritual es aún mayor que la del mundo
físico. La dimensión física es temporal y transitoria, mientras que
la dimensión espiritual es eterna y permanente.[104] Jesús le narró
a Sus discípulos una parábola para ayudarlos a entender lo que
ocurre después de la muerte, y también para enseñarles que la
manera en que conducimos nuestras vidas en la tierra es de importancia crítica. En los siguientes extractos de esa parábola, aprendemos algunas de las condiciones del mundo espiritual que las
personas experimentan cuando dejan atrás el mundo natural a
través de la muerte física. La parábola empieza así:

---

[104] Vea 2 Corintios 4:18.

> Había un hombre rico que se vestía de púrpura y lino
> fino y cada día hacía banquete con esplendidez. Había
> también un mendigo llamado Lázaro que estaba echado
> a la puerta de aquel, lleno de llagas, y ansiaba saciarse
> de las migajas que caían de la mesa del rico; y aun los
> perros venían y le lamían las llagas. Aconteció que murió
> el mendigo y fue llevado por los ángeles al seno de Abra-
> ham. Y murió también el rico y fue sepultado.[105]

El patriarca Abraham es elogiado por Dios en las Escrituras por
ser un hombre de gran fe. Cuando el mendigo Lázaro murió, fue
llevado a estar con Abraham en un lugar de descanso reservado
para aquellos que manifestaron verdadera fe en Dios, y que vivieron durante el tiempo previo a la muerte y resurrección de Jesucristo. Después de la resurrección de Jesús, el mismo cielo se abrió
para aquellos que habían muerto en fe, porque Jesús había conse-
guido su reconciliación completa con Dios. El cielo es donde ahora
residen esos creyentes, junto con todos aquellos que han muerto en
fe a lo largo de los siglos, desde la resurrección de Jesús.

En contraste con Lázaro, el hombre rico se halló en el infierno, que
es el lugar de castigo. Comparemos ahora algunas de las caracterís-
ticas del hombre rico y de Lázaro en el más allá.

La identidad personal de cada uno siguió siendo la misma

"En el infierno, en medio de sus tormentos, el rico levantó los ojos
y vio de lejos a Abraham, y a Lázaro junto a él".[106] Algunas personas piensan que después de la muerte perdemos completamente
nuestra conciencia, incluyendo nuestra identidad y nuestra memoria. Otros piensan que nuestra existencia simplemente desapare-
cerá como neblina. Y como ya hemos visto, otros incluso creen que
reencarnarán en otro cuerpo. Sin embargo, según Jesús, Lázaro y

---

[105] Lucas 16:19–22 (nvi).
[106] Lucas 16:23 (nvi).

el hombre rico siguieron siendo las mismas personas que habían sido en la tierra. Ya sea en el cielo o en el infierno, en el más allá las personas mantienen su conciencia, y siguen teniendo la misma personalidad.

El mundo físico es temporal y transitorio, mientras que la dimensión espiritual es eterna y permanente.

Se reconocían el uno al otro

"Así que alzó la voz y lo llamó: Padre Abraham, ten compasión de mí y manda a Lázaro que moje la punta del dedo en agua y me refresque la lengua, porque estoy sufriendo mucho en este fuego".[107] El hombre rico reconoció a Abraham, quien había muerto miles de años antes. Y reconoció a Lázaro, quien había muerto en su misma generación. Así que nuestra conciencia o identidad, no solamente permanecerá sino que aumentará, porque ya no estaremos limitados por el tiempo y los sentidos humanos naturales.

Ambos recordaban su vida en la tierra

"Pero Abraham le contestó: Hijo, recuerda que durante tu vida te fue muy bien, mientras que a Lázaro le fue muy mal...".[108] Al parecer los dos hombres podían recordar las circunstancias de cómo había sido su vida antes de experimentar la muerte física. Después de la muerte, nosotros también podremos recordar nuestra vida en la tierra; esto significa que nuestra memoria permanecerá en el alma. Recordaremos todo nuestro pasado —las decisiones que tomamos, las acciones que efectuamos, las personas que vivieron con nosotros y alrededor de nosotros, así como las condiciones en las que estaban—. El hombre rico estaba en el infierno porque

---

[107] Lucas 16:24 (NVI).
[108] Lucas 16:25 (NVI).

durante su vida en la tierra, no escogió seguir a Dios ni Sus caminos, y no tenía compasión por su prójimo. Estaba cosechando lo que había sembrado.[109]

Estaban conscientes de su condición actual

"...Pero ahora a él le toca recibir consuelo aquí, y a ti, sufrir terriblemente".[110] En el cielo, las personas son conscientes de su nueva realidad y la disfrutan. Están en el lugar que ha sido preparado para que ellos habiten en la plenitud de vida con Dios el Padre y Jesucristo, separados de todo dolor, soledad, tristeza y desesperanza.

En el infierno, la gente también es consciente de su nueva realidad, la cual incluye sed insaciable, maldiciones, tortura y condenación eterna, donde "el gusano nunca muere, y el fuego no se apaga",[111] y donde "habrá llanto y rechinar de dientes".[112] Cuando una persona muere sin Cristo, va directamente a ese lugar de tormento. (Yo creo que aquellos que nunca han escuchado el mensaje de Jesús serán juzgados por Dios de acuerdo al conocimiento que tuvieron de Él y como respondieron al mismo. De cualquier modo, nuestra salvación se encuentra únicamente en Jesús).

Una persona que ha rechazado el evangelio, lo que probablemente recordará más serán las oportunidades que Dios le dio para recibir a Jesús, y las veces que rechazó esas oportunidades. Tendrá la insoportable conciencia de que no hay nada que pueda hacerse para aliviar su situación. Su mayor tormento será su separación eterna de Dios y el saber que nunca podrá salir de ese lugar.

Habrá una completa separación entre justos e injustos

"Hay un gran abismo entre nosotros y ustedes, de modo que los que quieren pasar de aquí para allá no pueden, ni tampoco pueden

---

[109] Vea Gálatas 6:7.
[110] Lucas 16:25 (NVI).
[111] Marcos 9:44, 46, 48.
[112] Mateo 8:12.

los de allá para acá".[113] Lázaro y el hombre rico estaban en lugares completamente diferentes, y ninguno de los dos podía cruzar hacia donde estaba el otro.

El cielo y el infierno son reales

Mi amigo, el cielo es una realidad, pero también lo es el infierno. Jesús enseñó más sobre el infierno que sobre el cielo, porque quiere guardarnos de ir al lugar de castigo eterno. El infierno no fue creado para los seres humanos —fue hecho para Satanás—.[114] Sin embargo, las personas que escogen vivir separadas de Dios, persiguiendo metas egoístas, y deleitándose en un estilo de vida de pecado recibirán el mismo castigo. Ese castigo refleja el verdadero horror del pecado y la rebeldía contra Dios.

Debido al pecado, el destino de la humanidad —apartados de la salvación en Jesucristo— es la muerte eterna; la separación de Dios. Por tanto, si usted muere sin Cristo, su destino es el infierno.

Jesús enseñó más sobre el infierno que sobre el cielo porque quiere guardarnos de ir al lugar de castigo eterno.

Richard Eby fue un exitoso médico y cirujano. Él recibió a Jesús como su Salvador y fue un hombre de fe toda su vida. A los sesenta años sufrió un accidente trágico y murió, pero después volvió a la vida, y contó lo que había visto en la dimensión espiritual.

Tan pronto como Richard murió, dejó de sentir dolor, e instantáneamente llegó al cielo, un lugar lleno de amor, paz y perfección. Después, Jesús le dijo a Richard que le mostraría el infierno por dos minutos removiendo su nombre del Libro de la Vida.[115] De

---

[113] Lucas 16:26 (NVI).
[114] Vea Mateo 25:41.
[115] Vea, por ejemplo, Apocalipsis 20:12–15.

repente, Richard empezó a caer, hasta que aterrizó en un hoyo en el centro de la tierra que medía aproximadamente tres metros de alto por un metro de ancho y un metro de profundidad. No había entrada ni salida, y estaba en absoluto silencio y oscuridad. Jesús le dijo que la ausencia de Dios producía la falta total de luz y sonido.

Jesús le permitió a Richard sentir las que serían sensaciones normales para un cuerpo espiritual; era como si tuviera un millón de sentidos —un número ilimitado—. Ahí estaba él, en un hoyo, esperando su veredicto final de parte de Dios. Estaba aterrorizado de saber que una persona que muere sin Cristo va instantáneamente a ese lugar.

Richard podía oler la hediondez de los demonios. De repente, empezó a golpear las paredes desesperado por salir, porque se halló a sí mismo rodeado por miles de cuerpos pequeños semejantes a perros y gatos deformes. Estaban encadenados y tenían fuego en vez de ojos. Trataban de atacarlo y aterrorizarlo; y lo ridiculizaban en un lenguaje horrible por haber rechazado al Salvador y por estar allí con ellos. También le decían, "Nunca te dejaremos ir. Te daremos el infierno que estamos viviendo".

Repentinamente, empezaron a trepar por su cara y por las paredes; dando voces estridentes y amenazantes, usando lenguaje obsceno. En un momento, Richard les pregunto por qué estaban allí, y ellos le respondieron, "Nosotros ya aceptamos a Satanás como salvador, y no tenemos otra opción. Estaremos aquí para siempre y nunca saldremos de este lugar".[116]

Después de esa experiencia, Richard regresó a la vida, y su historia pone el temor de Dios en el corazón de muchas personas al sentir mucho más directamente, la realidad del cielo y el infierno que esperan por las almas.

---

[116] Sid Roth y Lonnie Lane, *Heaven Is Beyond Your Wildest Expectations* (Shippensburg, PA: Destiny Image, 2012), capítulo 10.

En otro caso, Mary K. Baxter tuvo visiones del infierno en un período de treinta días. Dios le dio ese regalo y le hizo comprometerse a compartir su experiencia con el mundo. Acompañada por Jesús, ella vio personas en el infierno a quienes Él llamó por años para recibir salvación y llevar a cabo un propósito especial, pero decidieron que no tenían tiempo para eso. Algunos prefirieron divertirse, mientras otros estaban muy ocupados tratando de obtener riquezas, fama y fortunas. Ahora sus almas están en tormento. Aquí está una porción de lo que ella vio:

"Llegamos a la próxima fosa. Dentro de esta fosa…, había una forma de esqueleto. La voz de un hombre gritaba desde la cueva, diciendo, 'Señor, ten misericordia de mí'. No podia saber si el alma era un hombre o una mujer hasta que hablaban.

"Grandes lamentos y sollozos venían de este hombre. 'Jesús, lo siento mucho. Perdóname, sácame de este lugar. He estado en este lugar de tormento por años. ¡Te lo ruego, sácame de aquí!'. Grandes sollozos estremecían el marco esqueletal mientras rogaba, '¡Por favor, Jesús, sácame de aquí!'.

"Yo mire a Jesús y pude ver que Él también estaba llorando. El miró hacia arriba y dijo, 'Mi Padre, Mi Padre, ¡ten misericordia!'. 'Señor Jesús', el hombre gritó desde la fosa en fuego, '¿no he sufrido lo suficiente por mis pecados? Han pasado cuarenta años desde mi muerte'.

"Jesús dijo, '¡Escrito está, el justo por la fe vivirá! Todos los burladores e incredulous tendrán su parte en el lago de fuego. Tú rehusaste creer la verdad. Muchas veces mis gentes fueron enviados a ti para enseñarte el camino, pero tú no los querías escuchar. Tú te reiste de ellos y rehusaste el evangelio. Aunque yo morí port í en una cruz, tú te burlaste de mí y no te arrepentías de tus pecados.

"'Mi Padre te dio muchas oportunidades para ser salvo. Si solamente hubieras esuchado'. Jesús lloró.

"'Yo lo sé, Señor, lo sé', gritó el hombre. 'Pero yo me arrepiento ahora'.

"'Ya es muy tarde', dijo Jesús. 'El juicio ya está determinado'.

"El hombre continuo, 'Señor, algunas de mis gentes vienen para este lugar, porque ellos tampoco se quieren arrepentir. Por favor, Señor, déjame ir a decirle que tienen que arrepentirse de sus pecados mientras están todavía en la tierra. Yo no quiero que ellos vengan aquí'.

"Jesús dijo, 'Ellos tienen predicadores, maestros, ancianos —todos ministrando el evangelio—. Ellos se lo dirán. Ellos también la ventaja de los modernos sistemas de comunicación y muchas otras para aprender de mí. Yo le he enviado obreros para que puedan creer y sean salvos. Si ellos no creyeren cuando escuchen el evangelio, tampoco serán persuadidos aunque alguien resucite de los muertos'....

"Jesús dijo, 'El infierno es real; el juicio es real. Mi hija, los amo tanto. Esto es solamente el comienzo de las cosas espantosas que tengo que enseñarte. Hay mucho más todavía por venir.

"'Dile al mundo por mi que el infierno es real; que los hombres y las mujeres tienen que arrepentirse de sus pecados....'"[117]

Debemos escoger

Cada miembro de la raza humana debe decidir a quién seguirá y servirá en esta vida, y esta decisión determinará el estado de su existencia en la próxima vida. Seremos gobernados, o por Jesús, quien es la Verdad y el Dador de la vida, o seremos gobernados por Satanás, el diablo, quien es un mentiroso, ladrón y asesino. Debemos ser cautelosos al tomar esta decisión, porque el diablo

---

[117] Mary K. Baxter, *Una Revelación Divina del Infierno* (New Kensington, PA: Whitaker House, 1993), 21–23.

presenta el pecado como algo deseable y bueno. Él se disfraza de "ángel de luz",[118] buscando atraparnos y destruirnos.

Jesús dijo, "El ladrón [diablo] no viene más que a robar, matar y destruir. Yo he venido para que tengan vida, y la tengan en abundancia".[119] "El diablo...desde el principio ha sido un asesino, y no se mantiene en la verdad, porque no hay verdad en él. Cuando miente, expresa su propia naturaleza, porque es un mentiroso. ¡Es el padre de la mentira!"[120] Nada hay bueno o generoso en Satanás; todo en él es perverso y corrupto. Su único propósito es destruir las obras de Dios, incluyendo la corona de la creación de Dios: los seres humanos.

Un mentiroso, ladrón y asesino

El diablo es un mentiroso y un ladrón. Desde el día de nuestro nacimiento, se ha dedicado a robarnos cada bendición que Dios tiene para nuestras vidas. Los blancos favoritos que quiere destruir son las bendiciones de la inocencia, la paz, el gozo, la salud, la armonía conyugal y familiar, la juventud, el tiempo, la prosperidad, y la adoración al Dios verdadero. El diablo desea esclavizarnos, y a menudo lo hace engañándonos y animándonos a seguir pecando.

Una de las tácticas de Satanás es tentarnos en las áreas en las que somos o estamos débiles, para que caigamos por nuestra propia elección en sus trampas. Sus estrategias son sutiles, y ya que usualmente no lo vemos venir, a menudo no sabemos cómo, dónde, o a través de quién va a ejecutar sus planes.

El diablo también es un asesino. Busca quitarnos vida en todas sus formas —espiritual, emocional, mental, física, y así sucesivamente—. Se empeña en matar nuestros sueños y proyectos, en arruinar los propósitos de Dios para nosotros. Además, su meta es remover personas de este mundo antes que puedan descubrir

---

[118] Vea 2 Corintios 11:14.
[119] Juan 10:10.
[120] Juan 8:44.

una vida nueva en Dios y cumplir el propósito para el cual fueron creados. Mata a la gente físicamente ocasionándoles enfermedades, accidentes, y las peores presiones de la vida. Yo creo que su influencia está escondida detrás de cada persona que comete suicidio, infanticidio, aborto, parricidio (asesinar a los padres), genocidio y cualquier otro tipo de asesinato.

Willie-Mae Hood es una mujer que experimentó el poder de Jesús para vencer a Satanás, después que el diablo intentó destruirla físicamente. Por dos años, ella padeció una enfermedad llamada fibrosis pulmonar (la cicatrización del tejido pulmonar). A causa de esta enfermedad, ella tenía dificultad para respirar y era incapaz de caminar por largos períodos de tiempo, por lo que requería ayuda y mucho descanso.

Su situación se tornó extrema un día que trató de subir unas escaleras, pero no pudo recobrar el aliento y tuvo que ser hospitalizada. Esa noche, los doctores le dijeron que necesitaría estar conectada a un tanque de oxígeno por el resto de su vida. Willie-Mae respondió, "¡De ninguna manera! Jesús no hizo esto. ¡Satanás, quita tus manos de lo que le pertenece a Dios!" Durante un tiempo de ayuno y oración en nuestra iglesia, ella y su hija declararon que ella recibiría nuevos pulmones, y un nuevo corazón, porque éste también había sido afectado por la enfermedad.

Cuando el tiempo de oración y ayuno terminó, tuvimos un servicio especial en la iglesia en el que Willie-Mae y su hija esperaban ansiosamente el cumplimiento de su milagro. Pasaron al altar, donde Willie-Mae recibió oración. Ella sintió la presencia de Dios y dijo, "Es como si vida estuviera fluyendo a través de mí". En ese instante se llenó de fe; se quitó la máscara de oxígeno y empezó a caminar y a respirar libremente. Willie-Mae gritaba "¡Jesús vive!" Él le había creado nuevos pulmones y un nuevo corazón. Toda la congregación explotó en celebración al ser testigos de este sorprendente milagro. Jesús nos da vida en abundancia, pero el diablo quiere robarnos, matarnos, y destruirnos.

La campaña destructiva de Satanás contra los seres humanos va aún más allá de la muerte física. Él quiere arrasar con los seres humanos por la eternidad. Jesús dijo, "No teman a los que matan el cuerpo pero no pueden matar el alma. Teman más bien al que puede destruir el alma y el cuerpo en el infierno".[121]

El diablo odia a los seres humanos porque tenemos dos cosas que él no tiene: (1) el derecho legal para ejercer dominio sobre la tierra, el cual Dios nos dio en la creación,[122] y (2) nuestra capacidad de adorar a Dios. Satanás quiere tomar el control de la tierra completamente, y sobre todo, desea que lo adoremos a él. Cada vez que pecamos, le concedemos al diablo el derecho de operar en este mundo a través de nosotros. Y cada vez que nos rebelamos contra Dios y nos alejamos de Cristo —escogiendo un propósito alternativo de vida como el amor al dinero, la inmoralidad, el crimen, u otras metas egoístas— estamos, en efecto, ofreciéndole al diablo nuestra adoración.

El diablo quiere exterminar a los seres humanos por la eternidad.

No podemos permitirle al diablo que siga engañándonos. No hay una "zona neutral". O estamos con Cristo o estamos con Satanás. "El que practica el pecado es del diablo, porque el diablo ha estado pecando desde el principio. El Hijo de Dios fue enviado precisamente para destruir las obras del diablo".[123]

Una salida

Usted ya no tiene que vivir más como uno que ha sido condenado a la desesperanza y la muerte. Sólo hay una forma de escapar al pecado, la enfermedad, la muerte, y el infierno: ¡Recibiendo a Jesús!

[121] Mateo 10:28.
[122] Vea Génesis 1:26, 28.
[123] 1 Juan 3:8.

"¿Dónde está, oh muerte, tu victoria? ¿Dónde está, oh muerte, tu aguijón? El aguijón de la muerte es el pecado...".[124] ¿Qué indica la palabra "aguijón" en esta cita bíblica? Figurativamente, se refiere a "veneno". El pecado es como la picadura de un escorpión que inyecta su veneno en el cuerpo de su víctima, produciendo la muerte.

Más cuando Jesús sacrificó Su vida por nosotros en la cruz, proveyó un antídoto contra el veneno del pecado, y venció completamente al diablo y la muerte. Cuando recibimos vida nueva en Cristo, somos liberados de la atadura del pecado, y nos da el poder para vencer los intentos del diablo de seducirnos con el pecado y destruir nuestras vidas.[125] Aún más, cuando morimos con Cristo en nuestros corazones, tenemos vida eterna en Él, y un día incluso seremos resucitados físicamente.[126]

El pecado es como la picadura de un escorpión que inyecta su veneno en el cuerpo de su víctima, produciendo la muerte.

Una joven de nombre Chrissy recibió liberación y una nueva vida en Jesús después que el diablo trató de destruir su vida emocional, mental, espiritual y físicamente.

"Mi historia es dura. Mi padre me rechazó al nacer, y mi mamá me abandonó cuando tenía tres años. Para ese entonces mi padre estaba en la cárcel, así que mi abuela me crió. Cuando tenía seis años, fui violada, y ese incidente marcó mi vida de manera negativa.

"Cuando mi padre salió de la prisión, me mudé con él, pero se me hizo muy difícil adaptarme a él. Empecé a buscar maneras de escapar a través de las drogas, los cigarrillos, y relaciones que eran

---

[124] 1 Corintios 15:55–56.
[125] Vea, por ejemplo, Lucas 10:19.
[126] Vea, por ejemplo, Romanos 8:11.

tanto física como sexualmente abusivas. A los dieciséis, vivía en las calles, vendiendo y usando drogas. Me quedaba en las casas de personas que vendían drogas y practicaban el lesbianismo, y estaba siempre al borde de sufrir una sobredosis. A los dieciocho, me contagié de una enfermedad de transmisión sexual. Me sentía como una muerta viviente.

"Desesperada, clamé a Dios y le pedí que me guiara a una buena iglesia. Esa misma semana, alguien me habló del Ministerio El Rey Jesús. Fui a una reunión de jóvenes allí, y, por primera vez, sentí el amor y la presencia de Dios. Después asistí a un retiro que se enfocaba en lidiar con adicciones, sanidad interior del alma, y maldiciones generacionales. Allí, sentí que el poder de Jesús me estaba liberando de todo el rechazo, la soledad, el abandono, la inmoralidad, la falta de amor y la auto-destrucción en la que estaba viviendo. Perdoné a mis padres por su abandono, y me perdoné a mí misma por todas las cosas malas que yo misma me hice.

"Hoy, tengo paz en mi corazón y una vida nueva. Ahora, la única cosa que quiero es que otros reciban lo mismo que yo recibí de Jesús, porque sé que hay muchas personas sufriendo como yo sufrí, sin encontrar una solución en nada ni en nadie. El Único que puede transformar sus vidas es Jesús, el Hijo de Dios".

¿Por qué creer en Jesús? Porque Él murió para salvarnos de un castigo sin fin, y de estar separados de Dios. Porque Él resucitó de entre los muertos para darle una nueva vida en la tierra, así como una existencia eterna en Él.

Nuestra muerte física es un hecho inevitable sobre el cual no tenemos ningún control. Es por eso que debemos estar seguros de habernos reconciliado con Dios el Padre a través de Jesucristo, y de permanecer alineados con Él. No debemos permitir que nuestros corazones se endurezcan, o permitir que regresemos poco a poco a un estilo de vida de pecado, porque no sabemos cuándo o cómo la muerte llegará para nosotros.

Hoy, usted puede hacer que el sacrificio de Jesús sea efectivo en su vida, y saber que tiene vida eterna con Dios, repitiendo la siguiente oración. Hágala con todo su corazón y en voz alta:

> Padre Celestial, yo reconozco que soy un pecador y que mi pecado me separa de Ti. Creo que Jesús murió en la cruz por mí y que Él resucitó de entre los muertos. Confieso con mi boca que Jesús es el Señor. Me arrepiento de todos mis pecados, y rompo toda conexión que— voluntaria o involuntariamente— he hecho con el pecado y con el diablo. Hoy tomo la decisión de seguirte a Ti. Jesús, te pido que entres a mi corazón y transformes mi vida. Rechazo todos los pensamientos y comportamientos que no reflejan la naturaleza de Dios, y te pido que me ayudes a caminar los caminos de Dios por Tu gracia y poder a través del Espíritu Santo. Gracias por salvarme, liberarme del pecado y de la muerte eterna, y por darme vida eterna contigo. ¡Amén!

6

El gran intercambio

C uando recibimos a Jesús, Él se convierte en nuestra propia vida. Dice la Escritura: "Con Cristo estoy juntamente crucificado, y ya no vivo yo, más vive Cristo en mí; y lo que ahora vivo en la carne [cuerpo físico], lo vivo en la fe del Hijo de Dios, el cual me amó y se entregó a sí mismo por mí".[127]

Comenzamos a entender la plenitud de la nueva vida que hemos recibido cuando reconocemos, (1) hasta qué punto Jesús se convirtió en nuestro Sustituto, tomando nuestro pecado y muerte sobre Sí mismo, y (2) cómo Su muerte sacrificial y posterior resurrección nos permite participar ahora mismo en un gran "intercambio" espiritual. ¡Nosotros intercambiamos nuestra naturaleza pecaminosa por Su naturaleza divina, y todas nuestras debilidades por Su fortaleza!

> [Dios nos ha] dado preciosas y grandísimas promesas de que, a través de ellas [nosotros] seremos partícipes de la naturaleza divina.[128]

Miremos más detenidamente cómo sucede esta sustitución espiritual e intercambio, y qué significa para nosotros hoy.

Dilemas de la humanidad

Después de la caída, la humanidad enfrentó los siguientes dilemas:

---

[127] Gálatas 2:20.
[128] 2 Pedro 1:4.

✦ Los seres humanos estaban bajo el juicio de Dios, acusados de pecado y rebelión. "La paga del pecado es muerte",[129] y estos debían ser pagados. Los seres humanos no eran capaces de redimirse a sí mismos. Nunca podrían expiar sus propios pecados porque todos eran culpables: "Por cuanto todos pecaron, y están destituidos de la gloria de Dios".[130] "No hay justo, ni aun uno".[131] La única opción de la humanidad parecía ser el castigo y la separación eterna de Dios. La humanidad pecadora nunca podría reconciliarse con la Deidad sin pecado; no habría unidad ni acuerdo entre ellos.

✦ La única forma como los seres humanos podrían escapar de la condenación que merecían y recibir perdón y limpieza, era si alguien más recibiera el castigo por ellos y muriera en su lugar, como un sustituto idóneo para ellos. Sin embargo, este sustituto no sólo tenía que ser otro humano, sino que tenía que ser un humano sin pecado. Sin embargo, toda la raza humana estaba completamente infectada con la naturaleza pecaminosa.

✦ Si la naturaleza caída de la humanidad no podía ser redimida, los seres humanos tendrían que permanecer en perpetuo estado de degradación, corrupción y muerte. Su única esperanza sería experimentar una transformación que permita restaurar la naturaleza de Dios en ellos, permitiéndoles nuevamente ser uno con Él.

Abandonados a su suerte, los seres humanos estaban irremediablemente perdidos y en deuda con Dios debido a sus pecados. La naturaleza pecaminosa estaba totalmente incrustada en ellos; era imposible que por su propia cuenta se alejaran de ella. Además, se habían apartado de Dios y se habían esclavizado a Satanás.

---

[129] Romanos 6:23.
[130] Romanos 3:23.
[131] Romanos 3:10.

Sólo un Sustituto sin pecado podría recibir el castigo que los seres humanos merecían debido a su pecado.

La solución de Dios

Pero Dios tenía una solución para los dilemas de la humanidad. Dios el Hijo, la segunda Persona de la Trinidad, se convirtió en un Hombre. Él tomó un cuerpo físico, experimentó la vida como un humano, mostró a la humanidad el camino de regreso a Dios, y luego murió y resucitó; todo por amor a nosotros.

Convertirse en Hombre le permitió a Dios entrar "legalmente" a la tierra y a la sociedad humana, con el fin de restaurar la humanidad y traer nuevamente Su reino a la tierra. Como vimos, Dios le había dado a los seres humanos dominio sobre la tierra, pero éste se había perdido debido al pecado, lo que le permitió a Satanás desatar destrucción y muerte sobre la raza humana y el resto del planeta.

¿Por qué Dios no creó un ser humano completamente nuevo, sin pecado, que muriera por nosotros, en lugar de tomarse la molestia de venir a la tierra Él mismo? Una de las razones es que ese ser humano recién creado no tendría una conexión vital con la raza original de seres humanos caídos. Por eso el Hijo de Dios se sometió a nacer como un bebé llamado Jesús, de una madre terrenal llamada María, que formaba parte de la raza caída. De esa manera, Jesús tendría un vínculo directo con los seres humanos que necesitaban ser redimidos.

Es esencial entender que pese a que Jesús nació de una madre humana, Él fue concebido por el Espíritu Santo de Dios, de manera que, aunque naciera de un ser humano, Él no estuviera infectado con la naturaleza de pecado. El mensajero de Dios le dijo a María: "El Espíritu Santo vendrá sobre ti, y el poder del Altísimo te cubrirá con su sombra; por lo cual también el Santo

Ser que nacerá, será llamado Hijo de Dios".[132] La naturaleza humana de Jesús fue pura y sin pecado. Esto significa que Su espíritu humano estaba vivo para Dios, dándole a Él comunión directa con el Padre a lo largo de Su vida terrenal.

Un sustituto perfecto

Con el fin de ser un sustituto eficaz para el ser humano, Jesús tuvo que experimentar todo lo que nosotros atravesamos en la vida, excepto que nació sin pecado, y Él nunca cometió pecado. Él tuvo que vivir sin pecar en medio de un mundo pecador, para que pudiera mantener Su capacidad de ser un sacrificio aceptable por nuestros pecados. Luego, cuando Él tomó nuestros pecados sobre sí mismo en la cruz, Él experimentó toda la degradación del pecado humano. La Escritura dice: "Por lo cual debía ser en todo semejante a sus hermanos, para venir a ser misericordioso y fiel sumo sacerdote en lo que a Dios se refiere, para expiar los pecados del pueblo".[133]

Por voluntad propia, Jesús se sometió al castigo y la muerte en la cruz por amor a nosotros. Algunos piensan, equivocadamente, que Él no fue más que una "víctima" de las autoridades civiles y religiosas de su tiempo, que insistieron en Su ejecución y la llevaron a cabo. Por el contrario, Jesús eligió sufrir en nuestro lugar, para que nunca más tuviéramos que volver a experimentar la separación de Dios, y para que nunca tuviéramos que sufrir el castigo eterno. Jesús estaba plenamente consciente de por qué estaba muriendo, por quienes Él moría, y cómo Su muerte y resurrección establecerían la sustitución y el intercambio. Jesús dijo,

Yo soy el buen pastor… y pongo mi vida por las ovejas.…

---
[132] Lucas 1:35.
[133] Hebreos 2:17.

Nadie me la quita, sino que yo de mí mismo la pongo.

Tengo poder para ponerla, y tengo poder para volverla a tomar. Este mandamiento recibí de mi Padre".[134]

Jesús dejó a un lado sus atributos divinos para convertirse en humano

Es sorprendente advertir que el Hijo de Dios se humilló a Sí mismo e hizo a un lado sus atributos divinos para confiar solamente en los recursos humanos, con una total dependencia de Dios el Padre y el poder del Espíritu Santo. Él hizo esto para identificarse realmente con los seres humanos en todas las cosas, y demostrarnos cómo debemos amar y servir al Padre. ¡Es aún más notable que Jesús *muriera* por nosotros!

> Cristo Jesús... siendo en forma de Dios, no estimó el ser igual a Dios como cosa a que aferrarse, sino que se despojó a sí mismo, tomando forma de siervo, hecho semejante a los hombres; y estando en la condición de hombre, se humilló a sí mismo, haciéndose obediente hasta la muerte, y muerte de cruz.[135]

Jesús experimentó todo lo que nosotros experimentamos

Jesús sabe lo que es ser humano, por tanto, Él entiende todo lo que usted está pasando ahora mismo. Pero además, Él sabe bien lo que le costó salvarlo, sanarlo, y liberarlo, y cómo ahora todas Sus provisiones están disponibles para usted. Por consiguiente, sólo Él puede ofrecerle las soluciones a sus necesidades y problemas.

---

[134] Juan 10:14–15, 18.
[135] Filipenses 2:5–8.

Examinemos algunas formas en las que Jesús experimentó lo que nosotros vivimos.

Jesús sabe todo lo que usted está pasando ahora mismo.

---

1. Él vivió en un mundo caído

Al comienzo de la historia de la humanidad, los primeros seres no tenían pecado, y vivían en el jardín del Edén, en la presencia y la gloria de Dios. Sin embargo, Jesús vino al mundo cuando los seres humanos y la tierra física habían estado sufriendo las consecuencias de la humanidad caída por miles de años. Él nació en condiciones humanas que incluían dolor, crueldad, decadencia, enfermedad, tristeza y muerte.

2. Él vivió bajo leyes y condiciones físicas

Jesús vino a este mundo como todos nosotros —como un bebé—. Él tuvo un cuerpo físico, y creció de la infancia a la adultez. Supo de limitaciones físicas como la fatiga.[136] Estaba familiarizado con las necesidades físicas básicas, como el hambre y la sed.[137] Además, se sujetó a todas las leyes del mundo físico, tales como la ley de la gravedad, las leyes del movimiento, y más. También fue afectado por las influencias de su entorno físico, algunas tan terribles como las peligrosas tormentas en el mar.[138]

3. Él vivió bajo autoridad, como Dios y hombre

A pesar de que Jesús fue Dios, Él voluntariamente se sometió no sólo a las leyes físicas de nuestro mundo, sino también a la autoridad divina y humana. Por ejemplo, Él obedeció a sus padres,

---

[136] Vea Marcos 6:31; Juan 4:6.
[137] Vea, por ejemplo, Juan 4:7–8; Mateo 14:13–21.
[138] Vea, por ejemplo, Mateo 8:23–27.

incluso cuando ellos no lo entendieron.[139] Reconoció en los gobernantes humanos un poder otorgado por Dios.[140] Además, cumplió con toda la justicia y las leyes de Dios,[141] y cedió por completo a la voluntad del Padre.[142]

4. Él sintió emociones humanas

Experimentar emociones es algo natural del ser humano. Una de las más fuertes emociones que podemos sentir es la ira. En verdad, enojarse no es pecado. La Escritura dice, "'Si se enojan, no pequen'. No dejen que el sol se ponga estando aún enojados".[143] Hay algo que se conoce como ira justa, por ejemplo, cuando vemos gente siendo tratada injustamente o sin misericordia. Es sólo cuando canalizamos nuestra ira hacia actitudes y hábitos destructivos, como la amargura de corazón o actos de venganza, que cruzamos la línea hacia el pecado.

Jesús mismo se enojó por la hipocresía de la gente, sobre todo cuando lastimaban a otros.[144] También se enojó ante la injusticia. Por ejemplo, Él expulsó a los cambistas del templo, ya que estaban convirtiéndolo en un mercado, sólo para obtener ganancias del pueblo.[145]

Jesús también experimentó tristeza y angustia. Cuando su amigo Lázaro murió, Jesús se afligió y lloró,[146] pese a eso no tardó en levantar a Lázaro de entre los muertos.[147] En el huerto de Getsemaní, Él estaba profundamente turbado porque estaba a punto de

---

[139] Vea, por ejemplo, Lucas 2:41–52; Juan 2:1–11.
[140] Vea, por ejemplo, Mateo 17:24–27; Marcos 12:13–17; Juan 19:10–11.
[141] Vea, por ejemplo, Mateo 3:13–16.
[142] Vea, por ejemplo, Juan 4:31–34; Mateo 26:39.
[143] Efesios 4:26 (NVI).
[144] Vea, por ejemplo, Mateo 23:13–15.
[145] Vea, por ejemplo, Juan 2:14–16.
[146] Vea Juan 11:32–36.
[147] Vea Juan 11:38–44.

entregar Su alma a la muerte espiritual y la separación de Dios, y Su cuerpo al más sangriento de los sacrificios.[148]

Cada emoción que un ser humano siente, Jesús la sintió.

5. Él fue tentado

Jesús supo lo que era ser tentado a hacer lo malo con fines de auto gratificación o para eludir la responsabilidad. Al comienzo de Su ministerio, después de ayunar cuarenta días en el desierto, Jesús soportó tres fuertes tentaciones del diablo.[149] Sin embargo, Él nunca le dio cabida a esas tentaciones; Él venció cada una apoyado en la verdad de la Palabra de Dios[150] y en el poder del Espíritu de Dios.[151] También experimentó la tentación del diablo en otras ocasiones.[152] Por eso, la Escritura nos dice que "no tenemos un Sumo Sacerdote que no pueda compadecerse de nuestras debilidades, sino uno que fue tentado en todo según nuestra semejanza, pero sin pecado".[153]

Jesús venció cada tentación apoyado en la verdad de la Palabra de Dios y en el poder del Espíritu de Dios.

---

6. El conoció el sufrimiento y el dolor humano

Debido a que Jesús tuvo un cuerpo humano y vivió entre otros seres humanos, Él se identificó plenamente con el dolor que los humanos sentimos. La Escritura dice que Él fue "varón de dolores, experimentado en quebranto".[154] Con frecuencia Jesús fue "movido por la compasión" cuando veía gente enferma, entonces Él la sana-

---

[148] Vea Mateo 26:37–38.
[149] Vea, por ejemplo, Lucas 4:1–12.
[150] Vea, por ejemplo, Lucas 4:3–13.
[151] Vea, por ejemplo, Lucas 4:14.
[152] Vea Lucas 4:13.
[153] Hebreos 4:15.
[154] Isaías 53:3.

ba.[155] Cuando encontró a una viuda enterrando a su único hijo, Él se solidarizó con el profundo dolor de su congoja, y levantó al muchacho de entre los muertos.[156]

Jesús mismo experimentó profundo dolor y sufrimiento cuando fue físicamente torturado y crucificado: Él fue azotado severamente,[157] le arrancaron la barba,[158] tuvo una corona de espinas punzándole la cabeza,[159] y fue sometido a otros abusos físicos antes de sufrir la atroz muerte en la cruz.

7. Él fue incomprendido, rechazado y traicionado

Tal como dijimos antes, la propia familia de Jesús no lo comprendió.[160] También fue rechazado por la gente de Su propio pueblo, hasta el punto que incluso ellos trataron de matarlo.[161] Fue rechazado por las autoridades religiosas de Su tiempo[162] y por mucha gente que una vez lo había seguido.[163] Fue entregado a las autoridades por uno de sus discípulos de su círculo más íntimo.[164] Y cuando los soldados vinieron para llevárselo a juicio, el resto de sus más cercanos discípulos lo abandonaron.[165] Incluso, mientras estaba siendo castigado y crucificado, Su rostro fue escupido,[166] y ridiculizado.[167]

---

[155] Vea, por ejemplo, Mateo 9:35–36; 14:14.
[156] Vea Lucas 7:11–15.
[157] Vea, por ejemplo, Marcos 15:15.
[158] Vea Isaías 50:6.
[159] Vea, por ejemplo, Juan 19:2.
[160] Vea, por ejemplo, Juan 7:3–5; Lucas 2:41–52; Juan 2:1–11.
[161] Vea Lucas 4:16–30.
[162] Vea, por ejemplo, Mateo 26:3–4; Juan 8:37–47.
[163] Vea Juan 6:60–66.
[164] Vea, por ejemplo, Mateo 26:14–16, 47–48.
[165] Vea, por ejemplo, Mateo 26:55–56.
[166] Vea Isaías 50:6.
[167] Vea, por ejemplo, Lucas 23:35–36.

8. Él soportó la muerte física, la muerte espiritual y la "segunda muerte"

Jesús experimentó la muerte física, como cualquier ser humano. Sin embargo, Él comprende especialmente los pensamientos y sentimientos de quienes mueren una muerte cruel en la flor de la vida, porque Él sufrió horriblemente cuando murió.

Además, Jesús conoció la muerte espiritual. Cuando Él cargó nuestros pecados sobre la cruz, Su espíritu humano fue desconectado de Dios el Padre, algo que cada ser humano experimenta. Era necesario que el Padre se separara de Jesús y que desatara su ira sobre Él como castigo por el pecado y la rebelión de la humanidad. Desde mi perspectiva, el peor dolor de la cruz no fue experimentar el sufrimiento físico, pese a que éste fue terrible. La parte más dolorosa para Jesús fue cargar en Su alma la concentración de todo el pecado y la iniquidad de los humanos. La inmundicia y corrupción de toda la humanidad pecadora fue derramada sobre Él. Por primera vez, el Hijo de Dios que jamás había pecado, experimentó lo tenebroso de los celos, falta de perdón, rencor, mentiras, injusticia, crueldad, perversión, muerte y todos los demás pecados. Él recibió y pagó por todas las acciones de la raza humana que ofende a Dios y nos aparta de Él —todo el pecado y la iniquidad, desde el comienzo de los tiempos hasta el final—. Por eso es que, justo antes de Su arresto y muerte, Él oró, "Padre mío, si es posible, pasa de Mí esta copa [con todos los pecados del mundo]; sin embargo, quiero que se haga tu voluntad, no la mía".[168]

Además, Jesús sufrió lo que la Biblia llama la "segunda muerte". La segunda muerte no sólo es una muerte física ni tampoco una muerte espiritual producto del pecado. Es la permanente separación de Dios en la otra vida. De hecho, Jesús descendió al infierno y experimentó lo que significa recibir el castigo de los pecados por

---

[168] Mateo 26:39.

la eternidad, y Él hizo esto por nosotros.[169] Allí Él recibió la ira de Dios por los pecados y la iniquidad de toda la raza humana.

Jesús tuvo que descender incluso al mismo infierno para experimentar todo el castigo por el pecado de la humanidad —todo lo que los seres humanos experimentaríamos sin Su salvación y gracia—, para de esta manera poder ser un fiel y verdadero salvador para nosotros. Jesús permitió que lo acusaran injustamente, lo arrestaran, lo juzgaran, se burlaran de Él, lo torturaran, lo crucificaran y lo mataran. Él hizo todo eso como nuestro Sustituto, porque Él sabía que Su muerte podía pagar por nuestros pecados; y porque ésta era la *única forma* de romper la maldición del pecado y la iniquidad que pesaba sobre nosotros y nos separaba de Dios el Padre. El sacrificio sustitutorio de Jesús en favor nuestro fue total, suficiente y final. Él sufrió y murió una vez por todos. Nunca más tendremos que soportar el castigo y la ira de Dios; tampoco tendrá que soportarlo ningún otro humano que reciba a Jesús y Su sacrificio por él.

> Sin embargo, vemos a Jesús, que fue hecho un poco inferior a los ángeles, coronado de gloria y honra por haber padecido la muerte. Así, por la gracia de Dios, la muerte que él sufrió resulta en beneficio de todos.[170]

> Sabiendo que Cristo, habiendo resucitado de los muertos, ya no muere; la muerte no se enseñorea más de él. Porque en cuanto murió, al pecado murió una vez por todas; más en cuanto vive, para Dios vive.[171]

---

[169] Vea, por ejemplo, Efesios 4:9; 1 Pedro 3:18–20.
[170] Hebreos 2:9 (NVI).
[171] Romanos 6:9–10.

Jesús fue temporalmente desconectado de la unión espiritual con Dios el Padre para que pudiéramos recibir Su vida.

Jesús fue resucitado para darnos vida

Jesús padeció todo lo anterior por nosotros. Entonces, fue resucitado de entre los muertos, y ahora nosotros podemos experimentar ¡la plenitud de Su vida de resurrección! Así Él nos proveyó el gran intercambio. Él nos dio Su vida física y espiritual y nosotros le dimos nuestra muerte física y espiritual.

La esencia de la cruz consiste en que Jesús toma nuestro lugar. Él personalmente sufrió la totalidad del castigo que nosotros merecíamos. En intercambio, nosotros recibimos el perdón, al igual que toda la justicia de Jesús y las bendiciones de Su obediencia al Padre. Hoy, podemos vivir conforme a Su vida en nosotros, recibiendo todos los beneficios de Su obra a nuestro favor, que incluye la salvación, sanidad, y libertad de las opresiones del diablo. Jesús fue "entregado por nuestras transgresiones, y resucitado para nuestra justificación".[172] Ser "justificado" significa que, pese a que éramos culpables, fuimos hechos justos delante de Dios en Cristo, como si nunca hubiéramos pecado. Somos justificados sólo por medio de la fe en la eficacia de la muerte y resurrección de Jesús por nosotros.

Veamos algunos resultados y bendiciones del gran intercambio:

Resultados y bendiciones del gran intercambio

+ Jesús fue herido para que pudiéramos ser perdonados: "Él herido fue por nuestras rebeliones, molido por nuestros pecados".[173]

---

[172] Romanos 4:25.
[173] Isaías 53:5.

✦ Jesús llevó nuestras enfermedades, y sufrió nuestros dolores para que podamos recibir sanidad: "Ciertamente Él llevó nuestras aflicciones (enfermedades, debilidades y angustias) y sufrió nuestros dolores [del castigo].... y por los azotes [que lo hirieron] hemos sido sanados y curados comple-tamente".[174]

✦ Jesús se convirtió en pecador por nosotros, recibiendo nuestro castigo, para que nosotros pudiéramos ser justificados: "Al que no conoció pecado [Dios] por nosotros lo hizo [a Jesús] pecado, para que nosotros fuésemos hechos justicia de Dios en Él".[175]

✦ Jesús murió en lugar nuestro y fue resucitado para que pudiéramos compartir Su vida eterna: "Así también vosotros consideraos muertos al pecado, pero vivos para Dios en Cristo Jesús, Señor nuestro".[176] Jesús pagó por nuestra pobreza para que nosotros pudiéramos ser prósperos: "Por amor a nosotros [Jesús] se hizo pobre, siendo rico, para que vosotros con su pobreza fueseis enriquecidos".[177]

✦ Jesús sufrió nuestra vergüenza para que pudiéramos participar de Su gloria: "Porque convenía a aquel por cuya causa son todas las cosas, y por quien todas las cosas subsisten, que habiendo de llevar muchos hijos a la gloria, perfeccionase por aflicciones al autor de la salvación de ellos".[178]

✦ Jesús sufrió nuestro rechazo para que nosotros pudiéramos ser aceptados por Dios: "Para alabanza de la gloria de Su gracia, con la cual nos hizo aceptos en el Amado".[179]

---

[174] Isaías 53:4–5 (AMP).
[175] 2 Corintios 5:21.
[176] Romanos 6:11.
[177] 2 Corintios 8:9.
[178] Hebreos 2:10.
[179] Efesios 1:6.

En cumplimiento de las verdades anunciadas arriba, he visto a muchas personas ser salvadas, sanadas y liberadas. Cuando entendemos la obra perfecta de la cruz y la resurrección, podemos empezar a recibir todos sus beneficios, incluyendo el poder sobrenatural de Dios en nuestras vidas.

Jesús recuperó lo que la humanidad había perdido

Jesús experimentó nuestra vida de manera que nosotros pudiéramos experimentar la de Él. A medida que logró el gran intercambio, Él recuperó todo lo que la humanidad había perdido cuando los primeros seres humanos le dieron la espalda a Dios y pecaron. Veamos diversas áreas en las cuales fuimos restaurados.

1. Restaurados a nuestra unión y compañerismo con Dios el Padre

La culminación de la obra perfecta de Cristo en la cruz y Su gloriosa resurrección es nuestra restauración a la presencia de Dios. Jesús fue separado de Dios el Padre en la cruz, de manera que nosotros pudiéramos vivir con el Padre por toda la eternidad. A través de Jesús, tenemos unión con el Padre una vez más, y eso nos da acceso a Su vida espiritual. "Pero el que se une al Señor, un espíritu es con él".[180] Podemos disfrutar nuestra unión y compañerismo con Dios en el presente, no solamente en el futuro. Gracias a Jesús, tenemos continuo acceso a Dios en Su gloria, y tenemos unidad con Él ahora y siempre. Esto no hubiera sido posible si Jesús no hubiera muerto por nosotros y hubiera sido levantado victoriosamente de la tumba.

Jesús experimentó nuestra vida para que nosotros
pudiéramos experimentar la de Él.

---

[180] 1 Corintios 6:17.

2. Restaurados a un cuerpo físico que manifiesta la vida de Dios

Esta manifestación tiene dos aspectos:

1. *La vida de resurrección en nuestros cuerpos, ahora*

La Escritura dice: "Y si el Espíritu de aquel que levantó de los muertos a Jesús mora en vosotros, el que levantó de los muertos a Cristo Jesús *vivificará también vuestros cuerpos mortales por su Espíritu que mora en vosotros*".[181] Considero que esta afirmación indica que podemos tener salud física total mientras vivimos en la tierra. En primer lugar, como ya hemos afirmado anteriormente, cuando Jesús murió, Él llevó todos nuestros pecados y todas nuestras enfermedades. Segundo, debido a que el Espíritu de Dios mora en nosotros y nos da vida en abundancia, nuestros cuerpos no deberían mantenerse enfermos.

En mi ministerio he visto sanidades físicas gracias al poder de la resurrección de Jesús en la vida de la gente por quien oramos en Su nombre. Por ejemplo, una mujer venezolana llamada Eusselin había sufrido de artritis reumatoide degenerativa por veintitrés años. Durante el último año de su enfermedad, ella estuvo postrada en cama. Mientras buscaba una solución, los médicos la operaron de las rodillas, pero después sufrió el desgaste total del hueso de su cadera derecha, y en pocos meses, ya estaba en silla de ruedas. No era capaz de levantarse de la silla de ruedas por sus propios medios ni siquiera de poner un pie en el piso. Además, tenía problemas en el riñón, y tuvo que empezar a usar pañales porque no podía controlar su vejiga.

En esa condición Eusselin fue a la casa de un creyente que la había invitado a ver un servicio de sanidad transmitido vía satélite desde nuestra iglesia en Miami. Durante el tiempo de la adoración, comencé a declarar el poder de la resurrección de Cristo. Eusselin, quien estaba mirando en Venezuela, oyó la voz de Dios que audi-

---

[181] Romanos 8:11.

blemente le decía, "¡Levántate de la silla de ruedas!" ¡De inmediato ella se levantó! Lo próximo que hizo fue ir al baño. Al instante ella fue sanada de ambas enfermedades, habiendo experimentado milagros creativos tanto en su cadera derecha como en su riñón. Luego, toda su familia creyó en el Jesús vivo y en Su poder para hacer milagros.

La vida de resurrección de Jesús incluso levanta a los muertos hoy. Éste es el testimonio de César Augusto Atoche, un pastor peruano:

"Fui hospitalizado en Lima, Perú, debido a que mi arteria coronaria se bloqueó y requería una cirugía de bypass. Durante la operación, después de tener el pecho abierto por tres horas, sufrí un ataque cardíaco y morí. Estuve muerto por espacio de una hora.

"Después, los doctores me dijeron que mi corazón había dejado de latir, y que le habían informado a mi esposa que había muerto debido a complicaciones durante la cirugía. Mi esposa me dijo mucho después que, antes de la cirugía, había sentido muy dentro de ella que yo iba a morir, pero que también iba a ser resucitado. Ella hizo un pacto con Dios a través de un programa de televisión cristiano, y compartió el pacto con uno de los administradores del programa, amigo de ella. El administrador ayudó a mi esposa a orar por mí, junto a los líderes de nuestra iglesia.

"Durante la hora que estuve muerto, el Apóstol Guillermo Maldonado estaba en su programa de televisión orando por sanidad, decretando que todos los enfermos serían levantados y sanados. En ese momento, volví a la vida. ¡Jesucristo me resucitó! Mi esposa y los doctores quedaron asombrados. Una de las señales que seguirán a aquellos que creen en Cristo es que los muertos resucitarán.[182] ¡Yo soy uno de ellos!"

En otro caso, un bebé de veinte meses, llamado Kevin sufrió una fiebre muy alta con convulsiones y fue hospitalizado en Chicago. Los doctores determinaron que sus órganos estaban débiles, y

---

[182] Vea, por ejemplo, Mateo 10:8.

pronto el monitor del corazón registró que el bebé había sufrido un ataque cardíaco. Pese a los esfuerzos que hicieron, los doctores fueron incapaces de salvar al niño, y lo declararon muerto.

La mamá del bebé, Magali, con su pequeño hijo en brazos llamó a la abuela del bebé, una creyente que vive en Florida. Inmediatamente la abuela contactó a su pastor, Freddy Lagos, de Naples, Florida, quien está asociado al Ministerio Internacional El Rey Jesús. El pastor comenzó a orar por el bebé a través del teléfono, revocando el espíritu de muerte y declarando vida, en el nombre de Jesús. De repente, la abuela comenzó a gritar porque le informaron que el monitor del niño estaba registrando latidos nuevamente. La bomba de respirar comenzó de nuevo a trabajar, indicando que el bebé estaba respirando nuevamente. El color retornó a su cara, y la temperatura de su cuerpo se normalizó. ¡Kevin había regresado a la vida, once minutos después de haber sido declarado muerto!

Continuamente presencio milagros de salvación, sanidad y liberación, que la muerte y la resurrección de Cristo trae a las vidas de aquellos que lo aceptan como su Señor y Salvador. Si la enfermedad le ha robado la salud; si la amargura le ha quitado el gozo; si su incapacidad para restaurar la relación con su esposa, hijos, o padres lo ha desalentado; o si le parece imposible superar el vacío espiritual dentro de usted, la solución es recibir el intercambio que Jesús nos ofrece.

Mucha gente en el mundo sufre en gran medida. Soportan mucho dolor, abuso, rechazo, y soledad, sin saber que Jesús entregó su vida para darles libertad y paz. Hoy Jesús quiere hacerse real en su corazón, manifestando Su poder transformador —primero en su espíritu, y luego en sus relaciones, finanzas, salud, vocación y todos los otros aspectos de su vida.

2. Cuerpos de resurrección eterna

Jesús no sólo le da vida a nuestros cuerpos mortales hoy. Cuando Él venga a la tierra por segunda vez a juzgar al mundo y a reunirse con aquellos que creen en Él para estar con ellos siempre,[183] cada creyente será transformado para ser como Él, recibiendo un ¡cuerpo eterno glorificado![184]

> No todos dormiremos [moriremos]; sino que todos seremos transformados, en un momento, en un abrir y cerrar de ojos, a la final trompeta; porque se tocará la trompeta, y los muertos serán resucitados incorruptibles, y nosotros seremos transformados. Porque es necesario que esto corruptible se vista de incorrupción, y esto mortal se vista de inmortalidad.[185]

> Amados, ahora somos hijos de Dios, y aún no se ha manifestado lo que hemos de ser; pero sabemos que cuando Él se manifieste, seremos semejantes a Él, porque le veremos tal como Él es.[186]

3. Restaurados para gobernar y reinar en la tierra

Además de restaurar nuestra unión con el Padre y restaurar la salud y vida a nuestros cuerpos físicos, Jesús vino a restaurar en la tierra el reino de Dios en todos sus aspectos. Pecado, demonios, pobreza, muerte, y todas las enfermedades que experimentamos son el resultado de la caída de la humanidad y la influencia de Satanás en el mundo. Todo eso necesitaba ser intercambiado por la vida de Jesús. Cuando Jesús estuvo en la tierra, Él confrontó esos elementos con la superioridad del reino de Dios, y Él siempre salió victorioso.

A través de Su muerte y resurrección, Jesús obtuvo una completa victoria sobre el pecado y sobre Satanás; Él le arrebató al diablo

---

[183] Vea, por ejemplo, 2 Timoteo 4:1.
[184] Vea, por ejemplo, 1 Tesalonicenses 4:14–17; 1 Corintios 15:42–44, 49–53.
[185] 1 Corintios 15:51–53.
[186] 1 Juan 3:2.

las llaves del infierno y de la muerte.[187] Satanás fue absoluta, irrevocable y eternamente derrotado. La victoria completa de Jesús se aplica a nosotros porque Él la ganó para nosotros. Es por eso que, durante un período de cuarenta días después de Su resurrección, Jesús les enseñó a Sus discípulos acerca del reino de Dios.[188] Él quería que ellos aprendieran lo que es el Reino y cómo ellos fueron llamados a incrementar su influencia en el mundo. Y, Él quiere que nosotros entendamos lo mismo.

Jesús vino a restaurar el reino de Dios en la tierra.

Después de esos cuarenta días de enseñanza, Jesús regresó a Dios el Padre en el cielo. "Puestos los ojos en Jesús, el autor y consumador de la fe, el cual por el gozo puesto delante de él sufrió la cruz, menospreciando el oprobio, y se sentó a la diestra del trono de Dios."[189] Hoy Jesús está sentado a la derecha del Padre, y tiene total poder y autoridad tanto en el mundo espiritual como en el mundo natural. Antes de regresar al Padre, Jesús le dijo a Sus discípulos, "Toda potestad me es dada en el cielo y en la tierra".[190] El Padre le dio completa autoridad. De la misma forma, Jesús nos dio autoridad para usar Su nombre, de manera que podamos avanzar el reino de Dios en la tierra.[191] A medida que recibimos a Jesús y caminamos en Su autoridad, nosotros podemos vivir como Él vivió. Podemos vencer las tentaciones de Satanás para robar, matar y destruir a la gente, intercambiando sus obras malignas por las obras del Reino: amor, poder, sanidad, esperanza y restauración.

Nosotros podemos hacer todas estas cosas porque Jesús no sólo nos dio Su autoridad, sino también nos dio Su poder para llevar

---

[187] Vea, por ejemplo, Apocalipsis 1:18.
[188] Vea Hechos 1:1–3.
[189] Hebreos 12:2.
[190] Mateo 28:18.
[191] Vea, por ejemplo, Mateo 28:19–20.

esa autoridad. Él dijo, "Pero recibiréis poder, cuando haya venido sobre vosotros el Espíritu Santo, y me seréis testigos en Jerusalén, en toda Judea, en Samaria, y hasta lo último de la tierra".192 Jesús también dijo, "De cierto, de cierto os digo: El que en mí cree, las obras que yo hago, él las hará también; y aún mayores hará, porque yo voy al Padre".[193]

Estamos destinados a hacer las mismas buenas obras que Jesús hizo en la tierra. Nosotros podemos hacer esas obras y aún "mayores obras" porque Jesús nos ha dado el regalo del Espíritu Santo. El Espíritu de Dios está siempre con nosotros para guiarnos a la verdad y darnos el poder para hacer la voluntad de Dios. La única condición es que permanezcamos unidos con Jesús, manifestando Su naturaleza y siguiendo Sus caminos.[194]

Reciba el intercambio por fe

¿Por qué creer en Jesús? Porque Él murió y fue resucitado, de manera que nosotros podamos tener acceso a la plenitud de la vida abundante de Dios en todas sus facetas. ¡Jesús está vivo! Toda provisión que Él obtuvo por medio de Su muerte y resurrección está disponible ahora mismo para aquellos que lo reciben en sus corazones y confiesan que Él es el Señor y Salvador de sus vidas. Todo lo que necesitan hacer es desear, por fe, Su gran intercambio —intercambiar sus pecados por Su justicia, su muerte por Su vida, sus enfermedades por Su salud y sus opresiones por Su libertad—.

Este puede ser el momento más importante de su vida. Permítale al Dador de vida la oportunidad de concederle vida eterna. Al recibir a Jesús de todo corazón, usted entenderá que el único propósito de este libro es darle a usted los regalos más valiosos que un ser humano puede recibir: una nueva vida en Jesús en la tierra, y una

---

[192] Hechos 1:8.
[193] Juan 14:12.
[194] Vea Juan 15:4–5, 7 (nvi).

existencia en la presencia de Dios por la eternidad. Usted puede recibir a Jesús y Su gran intercambio diciendo esta oración con sinceridad y humildad:

> Padre celestial, yo creo que Jesús murió en la cruz por mí y que fue resucitado de entre los muertos. Confieso que Él es mi Señor y Salvador. Por fe, yo reclamo el gran intercambio de Jesús —intercambio mis pecados por Su justicia, mi muerte por Su vida, mis enfermedades por Su salud, y mi opresión por Su libertad. Gracias Señor porque soy "nacido de Dios", porque he entrado a Tu reino, y porque ahora vivo en la plenitud de la vida de Jesús. Señor, úsame para esparcir Tu reino en el mundo, llevando Tu salvación, sanidad, liberación, y milagros a otros. ¡Amén!

7

¿Quién es Jesús?

Qué es más apropiado preguntar, "¿Quién es Jesús?" o "¿Quién fue Jesús?"

Jesús de Nazaret es tanto una figura contemporánea como histórica. Como ser humano, no se quedó en la tumba después de morir en la cruz. Él fue resucitado después de haber asegurado nuestra salvación y reconciliación con el Padre. Como Dios, Él no está limitado por el pasado o el futuro; ni pueden estos términos aplicarse a Él. Más bien, ¡Él es!

El Jesús vivo es la influencia más poderosa en el mundo de hoy, no sólo por su impacto histórico sino también por su habilidad para transformar vidas, tales como la suya y la mía, ahora mismo y por la eternidad. Por tanto, es apropiado referirnos a Él en tiempo presente. Jesús fue, Jesús es y Jesús siempre será el mismo para nosotros, ¡hoy, mañana y por siempre!

El Jesús vivo es la influencia más poderosa en el mundo hoy en día.

En búsqueda de un mejor futuro

Cientos de millones de personas en el transcurso de los siglos han tenido un encuentro con el Jesús vivo a través de una relación personal. El siguiente es el testimonio de un hombre de negocios llamado Ricardo Gutiérrez.

"Me escapé del régimen cubano por bote, arriesgando mi vida para llegar a Estados Unidos en búsqueda de un mejor futuro. Sin embargo, ese "mejor futuro" no se iba a dar. Yo había sido un hombre humilde, inocente y noble, pero cuando cumplí 22 años comencé a ir a clubs donde probé la droga por primera vez. Ese fue el principio de mi adicción, y con la adicción también vino la vida desorganizada. Pasaba mis días y noches en el club. También me convertí en un estafador que arruinó muchas vidas.

"Un día, en una fiesta, tomé una mezcla de tres tipos de drogas y sufrí un ataque al corazón. Me desmayé y quedé como muerto. Muy pocas personas sobreviven a una sobredosis de ácido, pero creo que Jesús me resucitó. Mi estilo de vida afectó a mi familia grandemente. A mi madre le dio cáncer, probablemente del sufrimiento, y a mi padre le salió un tumor y sólo le dieron tres meses de vida.

"Entonces, un amigo que antes consumía drogas conmigo me invitó a la iglesia. Para entonces, sufría de una depresión total. Dos veces había tratado de suicidarme, pero no tuve la suficiente fuerza para terminar lo que empecé. En la iglesia, las palabras del Pastor parecían estar dirigidas específicamente a mí. Mi amigo me tomó del brazo y me guió hacia el altar. Ellos oraron por mí y algo en mí cambio. Jesús había entrado en mi vida y la cambiaría para siempre.

"Ese día la presencia de Dios llenó mis ojos de lágrimas. Llorando le pedí perdón a mi madre. Desde ese día, mi vida se enderezó. Terminé mis estudios secundarios y me uní al departamento de policía. También puse un propio negocio. Me casé y hoy en día tengo una hermosa familia. No tengo ningún mal hábito y tengo paz en mi corazón. Mis padres se convirtieron al cristianismo gracias a la gran transformación que ellos vieron en mí. Mi vida cambió radicalmente el día que tuve un encuentro con Jesús resucitado". Ese Jesús resucitado también puede transformar su vida si sólo le da la oportunidad. El siguiente es el testimonio de Alan

Correa, un estudiante colombo-americano, quien también testifica de una vida cambiada por Jesús.

"Vengo de una familia disfuncional con problemas de drogadicción, alcoholismo, violencia y maldiciones generacionales de pobreza, enojo, orgullo, rebelión, inmoralidad sexual y confusión. Cuando tenía 17 años, influenciado por las personas a mí alrededor, comencé a robar y a vender drogas. Esto hizo fácil que dedicara mi vida al crimen y la maldad.

"El estado de mi vida en aquel tiempo puede ser ilustrado con el siguiente incidente, el cual se quedó grabado en mi memoria. En cierta ocasión, una joven se me ofreció para que yo la vendiera por dinero; así que la prostituí. La mañana siguiente, cuando pensé en lo que había hecho, por sólo unos cuantos billetes, me sentí asqueado de mí mismo. Aunque era mayor que yo, y ya estaba acostumbrada a ese estilo de vida, no era el estilo de vida que yo deseaba para cualquiera de las mujeres en mi familia. Sin embargo, lo continúe haciendo por dinero.

"Estaba siguiendo los pasos de mi padre. A menudo sentía que iba a morir habiendo desperdiciado mi vida, y no quería terminar como mi padre, quitándome la vida con una bala. No deseaba suicidarme, pero sabía que al final alguien terminaría con mi vida si continuaba ese estilo de vida.

"Un día un amigo me invitó a la iglesia. Siempre me animaba a ir y yo siempre me negaba. Cuando finalmente confesé a Jesús como mi Señor, un inmenso deseo de conocer más de Jesús y de la Biblia comenzó a crecer en mí. Fui bautizado en agua y después asistí a una conferencia cristiana en la cual la presencia de Dios se hizo palpable en mi vida. ¡Dios me mostró Su poder! Mi cuerpo comenzó a sudar y a experimentar lo que parecía ser un fuerte choque eléctrico. Por un instante tuve miedo y dije, 'Señor, ¡por favor para!' Pero su poder sólo se hizo más fuerte sobre mí. "¡Esa experiencia transformó mi vida para siempre! Encontré al verdadero Jesús. Fui liberado de las maldiciones generacionales de auto destrucción, crimen y adicción a las drogas. Ha pasado un año desde el primer día que comencé a servir a Jesús, tomando Su mensaje y demostrando el poder de Dios a los que los necesitan. Sé que mi destino ha cambiado para bien. Hoy puedo decir que tengo ¡vida verdadera!"

El Jesús resucitado puede transformar su vida si le da la oportunidad.

"Fiel es quien lo llama"

¿Por qué creer en Jesús? A través de este libro, hemos visto que Jesús es el Camino, la Verdad y la Vida. Él nos ha liberado de las garras de la naturaleza pecaminosa y nos ha permitido ser perdonados de todos los pecados que hemos cometido. Él nos rescató del castigo eterno. Nos ha dado vida nueva y una relación eterna con Dios el Padre. Y Él nos ha dado acceso a la vida abundante de Dios en todas sus facetas a través del gran intercambio de su vida por la nuestra.

Cuando respondemos a la invitación de Jesús de seguirlo, Él requiere que le demos todo —nuestra vida entera—. Esa es la única forma como podemos recibir la plenitud de vida que Él nos ofrece. Jesús dijo,

> Si alguno quiere venir en pos de mí, niéguese a sí mismo, tome su cruz cada día, y sígame. Porque todo el que quiera salvar su vida, la perderá; y todo el que pierda su vida por causa de mí, éste la salvará. Pues ¿qué aprovecha al hombre, si gana todo el mundo, y se destruye o se pierde a sí mismo?[195]

---

[195] Lucas 9:23–25.

¿Reconocerá a Jesús como su Salvador todo suficiente y Señor absoluto? Sí, seguir a Jesús tiene un precio. Pero las recompensas son vida verdadera en este mundo y vida verdadera por la eternidad. Además, Jesús sabe que usted no puede seguirlo sin Su constante presencia y ayuda. Él le asegura: "No te desampararé, ni te dejaré".[196] Las Escrituras dicen, "Y el mismo Dios de paz os santifique por completo; y todo vuestro ser, espíritu, alma y cuerpo, sea guardado irreprensible para la venida de nuestro Señor Jesucristo. *Fiel es el que os llama, el cual también lo hará*".[197] Dios le permitirá a usted permanecer fiel a Jesús a medida que lo obedece y aprende a vivir en el poder del Espíritu Santo.

Jesús dijo, "No te desampararé, ni te dejaré".

¿Quién es Jesús para usted?

La pregunta, "¿Quién es Jesús?" es la misma que las personas se han hecho por miles de años. De hecho, una vez Jesús le preguntó a sus discípulos, "¿Quién dicen los hombres que es el Hijo del Hombre?"[198] Los discípulos dieron varias respuestas acerca de lo que la gente en los días de Jesús erróneamente decía de Él.[199] Jesús entonces le preguntó a los discípulos, "Y vosotros, ¿quién decís que soy yo?"[200] El discípulo Pedro le contestó, "Tú eres el Cristo, el Hijo del Dios viviente".[201]

---

[196] Hebreos 13:5.
[197] 1 Tesalonicenses 5:24.
[198] Mateo 16:13.
[199] Vea Mateo 16:14.
[200] Mateo 16:15.
[201] Mateo 16:16.

Pedro fue capaz de responder a esta pregunta con precisión, pero no debido a su propia perspicacia. Jesús entonces le dijo a Pedro, "Eso no te lo reveló carne ni sangre, sino mi Padre que está en los cielos".[202] Dios el Padre, por medio del Espíritu Santo, le había revelado a Pedro la verdad: que Jesús era Su Hijo, "el Cristo"; un término que significa "ungido".

Nosotros también necesitamos una revelación del Espíritu de Dios con respecto a quien es Jesús. Jesús dijo, "Ninguno puede venir a mí, si el Padre que me envió no le trajere; y yo le resucitaré en el día postrero".[203]

En la introducción de este libro, vimos que hoy en día existen personas que tienen variadas y diversas opiniones acerca de quién es Jesús. Algunos piensan de Él como un gran filósofo, profeta, maestro o guía espiritual. Otros lo consideran solamente un personaje histórico, amoroso y generoso. Pero muchas personas reconocen y creen en Jesús como Dios, quien vino a la tierra como Hombre para morir por nosotros, y quien regresó al cielo después de resucitar de entre los muertos, cambiando el curso de la historia humana y transformando corazones, y hoy incluso vive.

Ahora, ¿quién dice *usted* que es Jesús? Usted debe decidir.

---

[202] Mateo 16:17.
[203] Juan 6:44.

Para preguntas o más información, por favor contacte
al Ministerio Internacional El Rey Jesús:
www.elreyjesus.org